WIE INTELLIGENT
IST MEIN HUND?

Wie intelligent ist mein Hund?

Mit Intelligenz-Test

von Gudrun Beckmann

Intelligenz –
was ist das?

Bei Hochsommerhitze war die Familie mit offenem Verdeck über die Autobahn nach Hause gedüst, der mitreisende Boxerrüde mit der hechelnden Schnauze im Fahrtwind. In der Nacht fing der Rüde an zu husten. Nicht ein bisschen, nein richtig, so dass niemand im Hause mehr ein Auge zubekam. Was tun? Malzbonbons mit Honig waren da. Die nahm der Rüde gerne, die schmeckten ihm.

Und die halfen auch: Schon in der nächsten Nacht konnten alle wieder in Ruhe schlafen. Aber kaum saß die Familie ausgeschlafen beim Frühstück, da kam der Rüde, baute sich vor der Hausfrau auf und – hustete ...

Brutus, der Boxer, war keine Intelligenzbestie, keiner von denen, die ihre Probleme selbst lösen: die zuschauen, überlegen, einen Plan machen und sich dann ganz allein die ganze Bonbontüte holen. Nein, Brutus war eher so etwas, was man üblicherweise mit bauernschlau bezeichnet. Aber diese Art von Bauernschläue ist unter Hunden weit verbreitet. Jeder kann sie beobachten, der seinem Junghund das „Sitz" mit allzu vielen und großzügigen Leckerligaben beibringt: Binnen kurzem hat der Kleine begriffen und dreht das Erziehungsritual um. Dann setzt er sich nicht mehr, wann und weil ich es ihm befehle. Dann setzt er sich und befiehlt mir: „Leckerli her, aber ein bisschen dalli."

Aufmerksam wird hier registriert, dass Futter in die Dose wandert ... (Foto: Ulrike Schanz)

Oh nein, sagen die Experten, das hat nichts mit Schläue, mit Intelligenz zu tun. Das ist reines Reiz-Reaktions-Verhalten: Der Hund spürt den kleinen Hunger zwischendurch (unbedingter Reiz) und macht sich auf die Suche nach einer Zwischenmahlzeit (unbedingte Reaktion). Rein zufällig fällt sein Blick dabei auf die Hausfrau (bedingter Reiz), die mit ihm, das Leckerli (unbedingter Reiz) in der Hand, „Sitz"

... und bei nächster Gelegenheit wird versucht, die Dose zu „knacken". (Foto: Ulrike Schanz)

(bedingter Reiz) geübt hat, und schon spult sich (bedingte Reaktion) eine klassische Konditionierung ab nach dem Motto: Hunger – Frauchen – Sitz – Futter. Hunde denken nicht und planen nicht, sagen die Experten. Hunde verbinden nur. Sie reagieren auf vorgegebene Reize, mal mehr, mal weniger schnell. Mit Intelligenz hat das alles nichts zu tun.

Na gut, sagt sich der intelligente Hundehalter, die Experten haben ja Recht: Man soll Hunde nicht vermenschlichen. Aber ganz tief drinnen bleiben doch Zweifel.

Und siehe da: Die ganz normalen Zweifel der ganz normalen Hundehalter sind auf dem besten Wege, auch wissenschaftlich bestätigt zu werden: Inzwischen billigen auch Wissenschaftler einigen Tieren so etwas wie kognitives Verhalten zu, ein Verhalten, das Einsicht und Abwägen voraussetzt und nicht nur triebgesteuert nach dem Reiz-Reaktions-Modell abläuft. Und inzwischen kann der ganz normale Hundehalter auch solche Sätze lesen wie: „Hunde scheinen im sozialen Bereich äußerst intelligent zu sein."

Was aber ist Intelligenz bei Mensch und Tier? „Intelligenz", sagt Meyers Großes Taschenlexikon, „ist die Fähigkeit, die ... die Bewältigung neuartiger Situationen durch problemlösendes Verhalten ermöglicht und somit Versuch-und-Irrtum-Verhalten und Lernen am Erfolg, der sich zufällig einstellt, entbehrlich macht ... Bei Tieren ist Intelligenz im Sinne von einsichtigem Verhalten zu verstehen, zum Beispiel verhalten sich Schimpansen intelligent, wenn sie Gegenstände einsetzen, um Futter zu erlangen."

Menschenpsychologen sehen das noch komplizierter. Für sie ist Intelligenz nicht nur eine einzige Fähigkeit, der Werkzeuggebrauch beispielsweise. Für sie besteht

Hunde benutzen keinen Computer. Aber sagt das etwas aus über ihre Intelligenz? (Foto: Ulrike Schanz)

Manche Hunde haben Spaß daran, Kunststücke zu lernen, andere gar nicht. (Foto: Christine Steimer)

Intelligenz aus einem ganzen Bündel von Fähigkeiten: Sprachbeherrschung gehört dazu, Sprachverständnis, Rechengewandtheit, Raumvorstellung, Gedächtnis, schlussfolgerndes Denken. Und manche rechnen auch noch Musikalität und Körperbeherrschung dazu. Klar, gemessen an all diesen (menschlichen) Fähigkeiten sind die (eventuell doch vorhandenen) geistigen Fähigkeiten der Hunde ziemlich beschränkt. „Noch nie", sagt Stanley Coren, „hat ein Hund eine Oper komponiert oder einen Roman geschrieben, Brücken entworfen und kybernetische Theorien erforscht."

Vollkommen richtig. Aber – die allermeisten Menschen tun das ja auch nicht. Und selbst wenn einer auf einem dieser Fähigkeitsgebiete geradezu genial ist, dann hat er doch auf anderen mitunter mehr oder weniger große „Intelligenzlücken":

Mozart hat zwar die schönsten Opern geschrieben, aber sein eigenes Leben bekam er nie in den Griff. Einstein war ein mathematisches Genie, aber Kopfrechnen mochte er nicht.

Karl der Große, Dschingis Khan, Napoleon, sie alle haben Geschichte geschrieben – aber keine Romane, und den Brückenbau überließen sie auch eigens dafür ausgebildeten Ingenieuren.

Intelligenz – was ist das? Jeder von uns Menschen ist intelligent genug, um das ziemlich genau erkennen zu können: Den einen kann man nach Namen und Telefonnummern fragen, aber mit Eheproblemen bleibt man ihm besser fern. Der andere kann einem genau erklären, wie PC und Decoder in der Theorie funktionieren, aber wenn man ihn dann bittet, den Videorekorder neu zu programmieren, kommt man sehr schnell zu dem Seufzer: „Hättest du's doch lieber selbst gemacht."

Auch wer mehr als einen Hund hat, merkt solche Unterschiede ganz schnell: Der eine Hund lernt im Handumdrehen die tollsten Kunststücke, aber in fremder Umgebung verirrt er sich prompt. Der andere weiß immer, wo er ist, aber ordentliches Vorsitzen lernt er nie. Der eine hört das Gras wachsen und weiß schon im Voraus, was sein Partner vorhat. Dem anderen ist es ziemlich egal, was der Partner will, Hauptsache, er funktioniert gut als Werkzeug zum Futterholen.

Für Menschenpsychologen ist Intelligenz ein sehr wichtiges, ein sehr weites Thema. Fragt man sie aber: „Was ist denn Intelligenz?", dann erzählen sie viel über Anlage und Umwelt, über Leistungsmotivation und Persönlichkeitsmerkmale.

Und zum Schluss ziehen sie sich alle hinter die alte Psychologenweisheit zurück, die besagt: „Intelligenz ist das, was ein Intelligenztest misst."

Wir wollen uns von dieser Antwort trotzdem nicht entmutigen lassen. Wir wollen uns in Bezug auf die Hunde auch Anlage und Umwelt, Leistungsmotivation und Persönlichkeitsmerkmale ansehen. Vielleicht hilft das uns ja weiter bei der Frage: Wie intelligent ist denn ein Hund?

DAS SPRACHVERSTÄNDNIS: DER WORTSCHATZ DER HUNDE

In der Fernsehsendung *Wetten, dass ...* trat Rico, der Superrüde, auf. Er erkannte nur auf den Wortbefehl seiner Herrin 77 Gegenstände richtig und wurde „der Wettkönig des Abends". Doch eingefleischte Hundefans konnte Rico nicht verblüffen: „Was sind schon 77 Wörter? Meiner versteht jedes Wort, das ich sage." Und die Wissenschaftler erinnerten nur an den Klugen Hans, an jenes Pferd aus Elberfeld, das vor rund 100 Jahren vor staunendem Publikum

Blindenführhunde müssen 60 bis 80 Wortbefehle verstehen und auseinander halten. (Foto: IPO)

Rechenaufgaben „löste": Es scharrte die Ergebnisse so lange mit dem Vorderfuß auf dem Boden – bis sein Herr, der neben ihm stand, wieder den Kopf hob.

Nein, sagen die Wissenschaftler: Tiere können nicht rechnen, und sie haben auch keine Suchbilder im Kopf. Sie reagieren immer nur auf das, was anliegt. Sie verstehen, wenn schon, den Affekt, aber nicht die Vokabel selber. Und als Beweis dafür empfehlen sie folgenden, leicht durchführbaren Test: Nehmen Sie Ihren Hund in den Arm und sagen Sie ihm mit den süßesten Tönen: „Du bist die blödeste Misttöle der Welt!" – er freut sich; richten Sie sich dann vor ihm

Im Geräusch-„Chaos" können Hunde das herausfiltern, was für sie interessant ist. (Foto: Christine Steimer)

auf und brüllen Sie ihn an: „Ich liebe dich!" er duckt ab. Dass Menschen bei so einem „Test" ganz ähnlich reagieren würden, dazu sagen sie nichts …

Andere Wissenschaftler wollten es genauer wissen. Sie versuchten, Hunden bestimmte Vokabeln beizubringen, und hörten ihre Schüler dann ab, ohne Sicht- und Körperkontakt in geschlossenen Räumen. Und siehe da: Die Hunde lernten – auch ohne jede Hilfe – drei bis sechs Vokabeln einwandfrei auswendig. Woraus man dann den Schluss zog: Hunde schaffen immerhin den (passiven) Wortschatz eines einjährigen Kleinkindes.

Aber: Hunde sind keine Kinder. Hunde sind Hunde, und sie sprechen Hundesprache. Und wenn sie unter Menschen leben, dann sind sie „Ausländer", „Einzeltouristen", die keinen dolmetschenden Reiseleiter dabeihaben, aber auch keinen praktischen Sprachführer, in dem sie nachschlagen könnten. Sie müssen also zuhören. Sie schnappen deshalb erst einmal jene Wortmarken auf, die immer wieder vorkommen und die irgendwie für sie selbst von Bedeutung sind.

Dieses Wortmarkenaufschnappen aber führt natürlich im täglichen Miteinander immer wieder zu Missverständnissen: Wenn ich zum Beispiel verkünde: „Der XY kommt heute Mittag", dann rast mein Rudel zur Tür, denn „XY kommt", das ist ihm ein Begriff, „heute Mittag" nicht.

Und am verwirrendsten sind und bleiben für den „Ausländer"/Hund solche Sätze wie: „Ach komm, hau ab." Da muss er dann aus dem ganzen Drumherum und der Stimmung des Sprechenden erraten, was jetzt wohl gemeint ist. Als „Inländer" Mensch sollte man mit dem „Ausländer" Hund also höflich umgehen: Man sollte ihn nicht mit Worttiraden überfallen, erst einmal Blickkontakt aufnehmen und abwarten, ob er uns auch verstanden hat.

Hund und Mensch sprechen nun einmal unterschiedliche Sprachen. Da sind Missverständnisse vorprogrammiert. Und unserem Hund geht es in dieser Beziehung nicht besser als uns: Auch unser Hund muss mitunter erst sehr, sehr deutlich werden, ehe ihn der Mensch überhaupt versteht ...

Und noch eine Parallele gibt es zwischen Mensch und Hund: Was interessant ist, das lernt sich von allein, was uninteressant ist, nur sehr schwer: „Komm fressen", diese Wortmarke lernt jeder Hund ganz schnell. „Jetzt nicht" lernt er auch, wenn auch nicht gerne. Aber wenn Sie ihm das Wort „Nagelfeile" beibringen wollen, dann brauchen Sie dafür eine Menge Geduld und eine Menge Leckerlis. Und das Wort „Demokratie" versteht er nie – weil er es nicht sehen, nicht riechen, nicht fühlen kann, weil Hunde ja nicht wählen.

Nein, Hunde sind keine Menschen. Hunde sind immer noch Laufjäger, Raubtiere. Da sie aber nie die größten, stärksten, schnellsten Raubtiere der Welt waren, war es für ihren Erfolg und ihr Überleben nicht nur wichtig zu wissen, wer sich wann wo wie bewegt.

Es war auch absolut wichtig, die Signale, Zeichen, Stimmungen aller Beutetiere und aller Konkurrenten jederzeit zu erkennen und richtig einzuordnen – damit die Jagd ein Erfolg wird, damit nicht ganz plötzlich aus dem Jäger ein Gejagter wird. Und des-

halb haben Hunde heute noch ein bewundernswertes Gehör:

Ein Hund kann nicht nur die tiefsten Brummtöne genau unterscheiden. Er hört auch noch aus weiter Entfernung den höchsten Piepser. Und er kann diese ganze Fülle an Informationen auch bestens verarbeiten: Ein Hund kann im größten Chaos, mitten auf dem Rummelplatz, Uninteressantes ausfiltern und nur auf das achten, worauf er achten will.

Er kann, wo immer er ist, jeden für ihn interessanten Ton sofort orten und alle uninteressanten überhören. Und er kann, weil er ein Spezialist für die hohen, die leisen

Hunde hören und erkennen das Auto ihres Besitzers oft lange bevor es in Sicht kommt. (Foto: INFOHUND – Eva-Maria Krämer)

Töne ist, auch alle Zwischentöne mitbekommen und einsortieren. Wenn Sie also, egal wo, rufen: „Fifi, komm", dann weiß Ihr Fifi nicht nur, dass er gemeint ist und kommen soll. Dann weiß er auch ohne hinzugucken, wo Sie sind. Und er weiß, in welcher Stimmung Sie sind und ob es sich überhaupt lohnt, auf Sie zu hören ...

Hunde erkennen an diesen Zwischentönen das Auto ihres Besitzers und den Trippelschritt ihres „Lieblingsfeindes". Sie erkennen nicht nur bestimmte Wortmarken. Sie verstehen ganze Sätze und erkennen auch Melodien wieder. Das heißt: Wer mit seinem Hund nicht reden will, der kann auch mit ihm pfeifen.

Nein, Wettkönig Rico war kein Genie. So mancher brave Familienhund lernt 60 Wortmarken und mehr, ganz nebenbei. Und jeder Blinden- oder Behindertenführhund muss 80 Wortbefehle sicher und ohne Hilfe von außen kennen und ausführen.

Wie groß dieser passive Wortschatz eines Hundes ist, das ist vor allem davon abhängig, wie viel sein Mensch mit ihm redet, wie sehr sein Mensch bereit ist, dem lernbereiten Ausländer die Sprache der Inländer interessant zu machen. Und es ist natürlich auch abhängig von der persönlichen Intelligenz des Hundes: Von 100 Blindenhundaspiranten schaffen nur 15 das Examen. Unter Experten ist man sich deshalb einig, dass der passive Wortschatz eines normalen Hundes irgendwo zwischen acht und 80 gelernten Vokabeln liegt. Der einsame Zwingerhund, mit dem niemand spricht, liegt eher am unteren, der zufriedene, voll integrierte Familienhund eher am oberen Ende.

DAS SPRACHVERMÖGEN: ZEICHEN VERSTEHEN UND ZEICHEN SETZEN

Menschen sind von Haus aus gesellige und erfolgreiche Früchtesammler: Ihre Augen sind bestens geeignet, zwischen den sich im Wind wiegenden Blättern den dicksten Apfel, die röteste Erdbeere, den reifsten Maiskolben herauszufinden. Menschen sehen punktuell. Aber gerade dieses punktuelle Sehen, das im Moment alles Unwichtige ausklammert, hat auch Nachteile. Und deshalb haben die Menschen untereinander die Wortsprache „eingeführt", mit der sie, den Blick aufs Ziel gerichtet, sich gegenseitig informieren und warnen können: „Achtung, eine Schlange! – Vorsicht, Brennnesseln! – Links hinter dir gibt's noch mehr Nüsse."

Hunde sind von Haus aus gesellige und erfolgreiche Laufjäger und Abstauber: Sie kontrollieren ihre Welt mit der Nase und nehmen mit den Augen nur das wahr, was sich irgendwo in der weiten Fläche bewegt. Hunde sehen flächig. Das Ruhende interessiert sie nicht, aber die allerkleinste schnelle Bewegung erregt sofort ihre volle Aufmerksamkeit. Und deshalb sprechen Hunde auch untereinander meist nur mit leisen, schnellen Gesten: Hunde sprechen Zeichensprache.

Und genau diese für Hunde typische Fähigkeit zur Zeichensprache ist es, über die sich das Augentier Mensch und das Nasentier Hund miteinander verständigen können: Beide können lernen, die ganz unterschiedlichen Zeichen, die sie setzen, einzuordnen und zu verstehen. Und wer

Ein Blick, eine kleine Kopfbewegung, spricht für andere Hunde Bände. (Foto: Christine Steimer)

von beiden – Mensch und Hund – in der Beziehung der begabtere Schüler ist, das hat noch niemand untersucht.

Untersucht hat man bisher nur die Beobachtungsgabe und das Verständnis der Hunde. Und dabei hat man zwei Sonderbegabungen entdeckt, die sie von anderen Tieren unterscheiden:

Man versteckte Fressen in einem Raum, ließ einen Probanden hinein und wies ihm erst mit einem Blick, dann mit einer Geste die Richtung: „Da." Schimpansen und Orang-Utans verstanden dieses „Da" nicht, sie blieben mit den Augen am Zeige-Finger hängen. Die Rhesusäffchen dagegen waren erfolgreich, aber nur dann, wenn der Abstand zwischen Zeige-Finger und Futter

weniger als 20 Zentimeter betrug. Die Hunde aber verstanden meist schon den Blick sofort. Nur ein gerade eben sechs Monate alter Junghund nicht. Also wechselte man den menschlichen Experimentator, holte einen anderen Hund, zeigte dem das Fressen und holte dann den Junghund hinein: Er verstand den aufs Fressen gerichteten Blick des Artgenossen sofort. Fazit: Hunde unterhalten und informieren sich von Anfang an über Blicke und winzige Gesten, und sie übertragen dann im täglichen Miteinander diese Kommunikationsfähigkeit auf ihren Menschen. Also: Keine Sorge, wenn der Junghund noch nicht auf Fingerzeig reagiert – spätestens im Alter von drei Jahren „hat er's" (Hare und Tomasello, 1999).

Sicht- und Pfeifzeichen kann ein Hund auf größere Entfernung verstehen und darauf reagieren. (Foto: Christine Steimer)

Und es gibt noch ein Zeichen, mit dem wir Menschen großzügig umgehen und das wir auch passend beantwortet wissen wollen: das Lächeln. Schon Darwin sagte: „Nur Affen und Hunde können das menschliche Lächeln erkennen." Aber: Nur Hunde können darauf lächelnd antworten.

Nein, ich meine mit Lächeln nicht jenes „Unterwürfigkeitsgrinsen", das Schenkel schon 1947 beschrieb: Weggucken, abducken, Ohren anlegen, Oberlippe hochziehen. Und ich meine auch nicht das berühmt gewordene „Lachen der Puwos", die ihre Leute „mit gebleckten Zähnen begrüßten" (Zimen, 1988, Feddersen-Petersen, 1986).

Ich meine das Lächeln der Hunde, das jeder zufriedene Hundehalter kennt: Das Gesicht entspannt sich, der Unterkiefer lockert sich, der Mundwinkel wird sichtbar, Augen und Ohren sind auf den Partner gerichtet, die Schwanzspitze wippt leise mit, und der Blick sagt: „Alles wunderbar in Ordnung, Chef …" Wir überprüften dieses Zurück-Lächeln-Können in unserem Intelligenztest für Hunde: acht Prozent der Hunde antworteten auf das Lächeln ihres Menschen mit „Lass mich in Ruhe". 46 Prozent missverstanden es als freundliches „Komm zu mir". Aber 46 Prozent aller Hunde lächelten ganz einfach ruhig zurück …

Diese Geste ist unmissverständlich: Der Napf ist leer! (Foto: INFOHUND Eva-Maria Krämer)

Doch Hunde können nicht nur lernen, menschliche Zeichen zu verstehen und richtig zu beantworten. Sie senden selbst Zeichen und sie können sich auch ganz neue Zeichen ausdenken: Was zum Beispiel „sagt" ein Hund, wenn sein Wassertopf leer ist? Wer schon mehrere Hunde gehabt hat, der weiß: In diesem Problemfall denkt sich jeder Hund eine andere Lösung aus: Der eine will raus und trinkt aus dem Gartenteich, der andere bedient sich – igitt – im Wasserklosett. Der dritte legt sich vor den Topf und wartet. Der vierte bellt den Topf an, der fünfte traktiert ihn mit Pfotenschlägen und der sechste nimmt ihn kurz entschlossen, bringt ihn dem zuständigen Wasserholer oder lässt ihn krachend vor der Wasserstelle in der Küche fallen.

Und genau so individuell und erfindungsreich sind Hunde, wenn sie ihren Leuten „sagen" wollen: „Ich will jetzt raus – Ich will jetzt rein – Ich habe Hunger." Oder aber wenn sie ihren Leuten irgendetwas Wichtiges zeigen wollen. Und je wichtiger das aus Sicht des Hundes ist, desto eher ist er auch bereit, neben seiner leisen Zeichensprache noch die akustische Ebene einzusetzen, die wir Menschen so lieben. Das heißt: Hunde können nicht nur „Krach schlagen", sie können auch bellend Informationen weitergeben. Und wer Ohren hat zu hören, der weiß dann: Das ist nur der Briefträger, das ist Alfred, das Ekel, das ist die liebe Senta, nun kommt Papa heim, und jetzt passiert gleich was ganz Fürchterliches ...

Mit Berichten darüber, wie kluge Hunde mit gezielten Informationen anderen geholfen, Leben gerettet, Katastrophen verhindert haben, könnte man ganze Bücher füllen, und die Wissenschaft ist sich heute eigentlich einig: Hunde zeigen eine ganz

Mit dieser sehr menschlichen Geste erreicht Hund was er will: Aufmerksamkeit. (Foto: Christine Steimer)

enorme adaptive Intelligenz. Das heißt: Sie können sich nicht nur an ihre Umwelt anpassen, sie sind auch durchaus in der Lage, „ihre Umwelt nach den eigenen Bedürfnisse umzugestalten" (Coren, 1994). Hunde sind soziale Wesen mit dem Hang, sich einer Gruppe, einem Rudel anzuschließen und dort – im Rudel – „mitzureden". Und wenn dann niemand auf ihre angeborenerweise stillen Zeichen antwortet, dann werden sie eben gröber. Dann rempeln sie, statt zu stupsen, dann bellen sie, statt zu fiepen.

Von sich aus sind Hunde die Weltmeister der leisen Töne, der kleinen Gesten. Aber sie passen sich an: Reagiert der Partner nicht auf ihre kleinen Zeichen, dann werden sie eben deutlicher. Reagiert er jedoch, lernt er selbst die Zeichensprache, dann verstehen sich beide schließlich auch fast ohne Worte, dann hört ein kluger Hund wirklich auf jeden Fingerzeig.

Ein gelassener, ruhiger Autofahrer hat meist auch einen gelassenen, ruhigen Beifahrer. (Foto: IPO)

LERNFÄHIGKEIT: BEOBACHTUNG UND NACHAHMUNG

Hunde sind moderne, lernfähige Säugetiere mit einer hohen adaptiven Intelligenz. Das heißt: Man kann (und man sollte) sie erziehen. Doch mitunter zeigt gerade der besterzogenste, anpassungsbereiteste Hund Verhaltensweisen, die ihm sein Halter nicht beigebracht hat, Unarten, gegen die sein Halter machtlos ist: „Mein Rex ist die Ruhe in Person", sagt Herr A., „aber wenn er im Auto sitzt, bellt er alles an, was sich bewegt." – „Meine Anja", sagt Frau B., „ist so ein liebes Mädchen, aber wenn Besuch

kommt, dann gerät sie jedes Mal ganz aus dem Häuschen." Herr A. und Frau B. verstehen die Welt und ihren Hund nicht mehr: Sie haben sich so viel Mühe gegeben, ihre Hunde hören doch sonst auf jedes Wort. Sind Anja und Rex vielleicht einfach zu dumm?

Nein, Anja und Rex sind nicht dumm. Im Gegenteil, sie sind ausgesprochen klug: Sie haben beobachtet, und sie haben gelernt. Auch Herr A. ist nämlich ein ausgesprochen ruhiger Zeitgenosse, aber wenn er ins Auto steigt, dann steigt sein Adrenalinspiegel sofort. Und Frau B., die zurückgezogen lebt, freut sich immer über jeden Besuch und überschüttet den mit Freundlichkeiten.

„Schon wieder so eine Vermenschlichung des Hundeverhaltens", höre ich jetzt die Verhaltensforscher grummeln, „dabei ist das, was Anja und Rex zeigen, nichts anderes als ganz normale Stimmungsübertragung: Herr A. schimpft, sein Hund schimpft mit, Frau B. freut sich, ihr Hund freut sich mit. Die Hunde haben sich einfach der Stimmung im Rudel angepasst. Das ist alles."

Na gut, kann ich dazu nur sagen: So hat das Ganze vielleicht angefangen. Aber warum wird dieses Verhalten dann beibehalten? Herr A. schimpft im Auto nur noch mit Rex, und für Frau B. bedeutet Besuch nur noch Stress. Weil es eben keine einfache Stimmungsübertragung ist, sondern Lernen am Modell.

Hunde lernen über Verbindungen, die sie sich herstellen: Passiert dies, ist alles gut, passiert das, gibt's nur Ärger. Und da sie allesamt keine Masochisten sind, tun sie eben einfach das, was Gutes verspricht.

Hunde sind aber auch exzellente Beobachter und die Weltmeister der leisen Zwischentöne und kleinen Gesten: Der Hund neben uns weiß immer, ob das Lob von Herzen kam oder nicht. Und er spürt auch, ob der Tadel ernst gemeint war oder nur eine Pflichtübung in der Öffentlichkeit.

Gerade weil Hunde unsere menschliche Wortsprache nicht verstehen, müssen sie auf unsere (uns meist unbewusste) Zeichensprache achten. Und das tun sie auch. Aber sie beobachten uns nicht nur – sie ma-

Junge Hunde orientieren sich an ihrem Vorbild und schauen ihm alles ab. (Foto: Ulrike Schanz)

chen uns nach. Wenn von Nachmachen, Nachahmung die Rede ist, denkt üblicherweise jeder erst einmal an Papageien, Affen oder Menschen.

Aber Hunde können das auch: Junge Hirtenhunde lernen ihren „Beruf" samt den dazugehörigen komplizierten Rollenteilungen am besten durch Mitlaufen, Zugucken und Nachmachen.

Und als man in Spanien einer ausgebildeten Drogensuchhündin erlaubte, ihren ganzen Wurf mit „zur Arbeit" zu nehmen, da hatten die Kleinen binnen kurzem begriffen, worin die Arbeit ihrer Mutter bestand – und machten sie nach. Hunde lernen also trotz aller gegenteiligen Behauptungen auch per Imitation. Und wer's nicht glaubt, der muss sich nur zu seinem (noch nicht so ganz richtig gut erzogenen) Ersthund einen zweiten nehmen: Im Nullkommanichts hat sich der neue alle Unarten des alten abgeguckt.

Hunde beobachten und imitieren auch ihren Menschen, und das umso mehr, je attraktiver der Mensch in den Augen des Hundes ist: Wenn Herrchen draußen alle ankauzt, dann tut Rex das mit der Zeit auch. Wenn Frauchen allen jubelnd um den Hals fällt, dann macht Anja das genauso – und kann dann überhaupt nicht einsehen, was daran wohl nicht gut sein sollte.

Doch es gibt auch so richtige Schlaumeier unter den Hunden. Die tun nicht nur einfach das, was ihr Mensch tut. Die sind in der Lage, Herrchen oder Frauchen kritisch zu beobachten und „notfalls" korrigierend einzugreifen: Unserem Boxer Lulu mussten wir nach getaner Gartenarbeit immer sagen: „Dieser Baum da soll da stehen blei-

Wie ein kritischer Gärtner schaut Hund zu, was hier gegraben wird ... (Foto: Ulrike Schanz)

ben!" Vergaßen wir's, konnten wir sicher sein: Unser Besserwisser grub den Baum wieder aus und brachte ihn uns ins Wohnzimmer: „Hier, den habt ihr draußen vergessen." Und Kangal Pascha, auf Friedfertigkeit erzogen, bezieht in diesen Verhaltenskodex auch Herrchen mit ein: Wann immer Herrchen mit irgendeinem Fremden in heftigerem Disput gerät, packt Pascha ihn am Hinterteil und zieht ihn sanft, aber keinen Widerspruch duldend aus dem Geschehen.

Auch die Rottweilerin Elsa war so ein superschlauer Hund. Elsa lernte sehr schnell, dass Frauchen sich in der Multi-Kulti-Großstadt unwohl fühlte. Sie sah: „Frauchen hat Angst, ich muss ihr helfen." Und binnen kürzester Zeit wurde aus dem gelassenen Kontaktbolzen Elsa ein fast rassistischer, fremdenfeindlicher Hund, der alles anging, was irgendwie exotisch aussah.

Intelligenz ist also auch bei Hunden nicht nur immerzu ein Segen. Hunde lernen nicht

... und auch das Händewaschen hinterher wird von ihm genau überwacht. (Foto: Ulrike Schanz)

nur das, was wir ihnen laut und deutlich sagen. Hunde lernen auch aus dem Nichtgesagten. „Wie der Herr, so's Gescherr", sagt Volksmund deshalb, und das heißt: Brummige Leute haben brummige Hunde, lautstarke Leute haben lautstarke Hunde, Gartenumgraber haben Buddelhunde, selbstbewusste Leute haben ganz friedliche Kerle. Aber gerade ängstliche Leute haben ohne das zu wollen mitunter richtige Drachen an der Leine.

DAS GEDÄCHTNIS

Der Auftrag des Tierschutzvereins war klar: „Da und da wohnt ein Mann, der handelt ohne Genehmigung mit Hunden. Wenn wir kommen, macht er dicht. Versuchen Sie's." Also verkleideten wir uns als Familie, die einen Hund sucht und keine Ahnung hat. Wir fuhren mit meinem Auto vor, übersahen den Rotti an der kurzen Kette, den Dreck im Schweinekoben, die verängstigten, tränenäugigen Welpen. Wir griffen uns einen jungen Bobtail, bezahlten bar, ließen das quittieren. Und mit Quittung und Bobby im Arm ging's dann ins Tierheim: Ich sollte ja nur die Beweise sichern.

Im Tierheim aber war gerade Rushhour. „Setzen Sie ihn in den Auslauf da, die Tierärztin kommt gleich", hieß es. Aber das brachte ich nicht übers Herz. Ich behielt den kleinen, vor Dreck stinkenden Kerl im Arm, redete mit ihm, streichelte sein von blauen Schimmelpilzen durchfressenes Fell, zeigte ihm die aufregende und aufgeregte Welt. Ein Pärchen kam, war interessiert, ich erzählte ihnen Bobbys Geschichte. Das Pärchen verschwand, die Tierärztin kam. Ich übergab ihr den kleinen Stinker, fuhr nach Hause und ging erst einmal baden. Am selben Abend noch hörte ich, dass Bobby bei diesem jungen Pärchen Asyl gefunden hatte.

Ein Jahr später lag der obligatorische Kontrollbesuch an. Aber ja doch, den wollte ich selbst machen, also los. Ich war noch nicht aus dem Auto, da stürzte ein silbriges Wollepaket auf mich zu, packte mich ziemlich derb bei der Hand und zog mich, keinen Widerspruch duldend, aus dem Wagen, durch den Garten, ins Haus: Bobby, jetzt ausgewachsen, gesund und glücklich. Er bugsierte mich in den Besuchersessel, und dann zeigte er mir seine Schätze: „Schau her: mein Ball, meine Quietschente, meine Schmusedecke, mein Teddybär ..." Und nachdem ich alles ausgiebig bewundert

Was sich ihm eingeprägt hat, vergisst er vielleicht nie mehr. (Foto: Ulrike Schanz)

hatte, fing er voll Begeisterung wieder von vorne an.

Ich hätte stundenlang dort sitzen bleiben mögen: Solche rundum glücklichen Momente mit rundum glücklichen Hunden erlebt man als Tierschützer viel zu selten.

Doch die Zeit verging. Der Abschied kam ... und wo war Bobby?

Seine Leute riefen und suchten überall. Nichts. Bobby war weg. Wir fanden ihn schließlich im Schlafzimmer: Kopf und Nacken waren unter der schweren Konsole verschwunden, das dicke Hinterteil aber mit dem eingezogenen Stummelschwanz, das wollte und wollte sich partout nicht einziehen lassen. Der eben noch so stolze Rüde nur noch auf der verzweifelten Suche nach einem sicheren Versteck – warum? Vor wem? Vor mir?

Zwölf Wochen war er alt und kannte nichts als Dreck, Gestank und Dunkelheit – bis ich vorfuhr, ihn aufhob und mitnahm. Eine Stunde saß er in meinem Arm im Auto, eine Stunde wanderte ich mit ihm im Arm durchs Tierheim, dann kamen seine Leute und ein neues Leben mit lauter Schätzen begann. Aber als ich ein Jahr später

Gute Freunde werden nicht vergessen. (Foto: Ulrike Schanz)

wieder mit demselben Auto vorfuhr, da erinnerte er sich genau. Seine Freude war groß, aber: Er wollte nicht schon wieder mitgenommen werden! Er wollte bleiben!

Ich bin dann schnell und still gegangen. Aber ich habe ihn auch nie vergessen.

Manche sagen: „Hunde vergessen nie etwas, sie haben ein Gedächtnis wie ein Elefant!" – „Ach was", sagen andere, „hol dir einen x-beliebigen Welpen aus einem x-beliebigen Wurf, schon sechs Monate später hat der seine Verwandtschaft vergessen und fetzt sich mit den eigenen Eltern, als seien das Fremde." Recht haben sie beide.

„Gedächtnis", so Immelmann (1982), „ist die Fähigkeit des Zentralnervensystems, Informationen in wieder abrufbarer Form zu speichern." Es gibt zwei unterschiedliche Arten von Gedächtnis: das Kurzzeitgedächtnis, das Neues nur über Stunden oder Sekunden speichert, und das Langzeitgedächtnis, das zeitlich unbegrenzt ist. Diese Art von individuellem Gedächtnis haben alle höheren Tiere, die einen mehr, die anderen weniger. Aber: „Die dem Gedächtnis zugrunde liegenden physiologischen Vorgänge sind noch nicht endgültig geklärt" (Immelmann). Bei Hunden geht man heute davon aus, dass das Gedächtnis hauptsächlich mit Geruchsbildern verbunden ist, dass Hunde also ein „Geruchsgedächtnis" haben (Feddersen-Petersen, 1986).

Das ist sicherlich richtig. Aber der Geruch allein tut's nicht: Bobby hatte zuerst mein Auto wiedererkannt. Unsere Hovawartin Spatzl aber reagierte, wenn ihre Züchterin kam, schon von weitem auf den Ruf „Mein Mäuschen!". Sie reagierte allerdings genauso begeistert, wenn irgendjemand

Was Welpen erfahren oder lernen, prägt sich ihnen am stärksten ein. (Foto: Ulrike Schanz)

diesen Ruf nachmachte. Und als unser eineinhalbjähriger Zuschu seine Züchterin wiedersah, die von weitem „Faworszu" rief, da schmiss mein junger Podhalanski spontan mich, sich und die Züchterin vor Wonne über den Haufen – obwohl er dieses Wort seit 16 Monaten nicht mehr gehört hatte. Meine anderen Hunde dagegen reagierten nie auf ihre Züchter. Nur Tata sagte: „Fass mich nicht an!", aber der war, als ich ihn übernahm, auch schon zweimal „seiner Mama ins Maul gelaufen" ... und das nahm er seiner Züchterin wohl übel.

Wie funktioniert das Gedächtnis eines Hundes? Was vergisst er schnell, was vergisst er nie? Im Grunde funktioniert das genauso wie bei Menschen: Was wirklich beeindruckend ist, was emotional anspricht und hochgradig aufmerksam macht, das wird ganz schnell ins Langzeitgedächtnis übernommen und abgespeichert. Was eher normal, eher uninteressant ist, das landet erst einmal im Kurzzeitgedächtnis und wird, falls es nicht bald abgerufen wird, ganz schnell gelöscht. Was aber früh gelernt wurde, das haftet am längsten. Weshalb man heute auch häufig von der Prägungszeit des Welpen spricht. Aber: Hunde werden genauso wenig geprägt wie Menschen.

Ein kleines Zebra muss sich innerhalb der ersten Augenblicke seines Lebens die Streifenmusterung seiner Mutter genau einprägen und ihr auf Schritt und Tritt folgen. Verliert es seine Mutter aus dem Blick, dann muss ein kleines Zebra Hungers sterben, mitten zwischen anderen Müttern. Zebramütter versorgen keine fremden Kinder.

Bei Hunden (und Menschen) ist das anders: Hunde und Menschen adoptieren auch fremde Kinder. Welpen (und Menschenbabys) müssen sich deshalb nichts einprägen. Sie finden fast immer jemanden, der ihnen die Mutter, die Familie, das Ausgangsrudel ersetzt: Welpen (und Menschenbabys) dürfen vergessen. Und sie tun das auch, vorausgesetzt, diese alten Kindheitserinnerungen werden nicht täglich wieder neu aufgewärmt, vorausgesetzt, sie waren nicht wirklich ein tief verletzendes „Trauma".

Irgendwann aber kommt dann jeder Hund (jedes Kind) in seine Fremdelphase. Bei Menschenkindern fällt diese Zeit in die ersten Krabbelausflüge im achten bis neunten Monat, bei Hunden in die Zeit der ersten selbstständigen Unternehmungen im vierten bis sechsten Monat. Die bis dahin noch ganz unpersönliche Beziehung zum Rudel und zur Welt wird jetzt durch lauter ganz persönliche Beziehungen ersetzt. (Die Psychologen nennen das den „Übergang von der unspezifischen zur spezifischen Bindung".) Und wenn diese Entwicklung abgeschlossen ist, wenn Hund (und Kind) zu jedem Einzelnen in ihrer Welt lauter ganz persönliche Beziehungen aufgebaut haben, dann haben sie wirklich ein Gedächtnis wie ein Elefant und vergessen nichts mehr.

Gedächtnis und Beziehungsfähigkeit, das gehört zusammen. Beide bedingen sich gegenseitig: Wer kein Interesse an persönlichen Beziehungen hat, wer gar nicht wissen will, wie der Nebenmann heißt und aussieht, der braucht auch kein persönliches Gedächtnis. Wer aber kein persönliches Gedächtnis hat, wer den einen Nebenmann immerzu mit allen anderen Nebenmännern in einen Topf wirft, der darf sich auch nicht wundern, wenn er schon bald beziehungslos zwischen lauter Nebenmännern allein bleibt.

PS: Auch Elefanten versorgen ihre Kinder gemeinsam, auch Elefanten leben in ganz festen Bindungen, auch Elefanten unterhalten, jeder zu jedem, ganz persönliche Beziehungen.

RAUMVORSTELLUNG UND VERGLEICHEN

Das Heimfindevermögen von Hunden hat die Menschen schon immer verblüfft: Nicht nur Rin Tin Tin und Lassie wurden weltberühmt, auch der Mops des späteren Herzogs von Württemberg war ein Held seiner Zeit: 1717 ging er in der Schlacht vor Belgrad verloren, aber schon acht Wochen später kam er wohlbehalten im Schlosspark zu Winnenden wieder an. Und die altrömischen Abbruzzen-Schäfer machten aus diesem Heimfindedrang ihrer Hunde sogar ein Geschäft: Sie verkauften in Rom die Herde mitsamt den Hunden und verließen sich darauf, dass die „treuen" Hunde die Herde wieder nach Hause trieben und sie dieselbe Herde (samt Hunden) dann noch ein-, zwei-, dreimal verkaufen konnten.

Wie sich Hunde auch in fremder Umgebung ganz schnell orientieren und ihr Ziel finden, das hat die Wissenschaftler immer beschäftigt. Und sie haben komplizierte Heimfindeversuche veranstaltet und Hunde zu diesem Zweck meilenweit ohne

Verliert ein Hund beim Spaziergang den Anschluss an sein Menschenrudel, geht er oft zurück zum Ausgangspunkt, zum Auto. (Foto: Christine Steimer)

Sichtkontakt und ohne Geruchsspuren hin und her transportiert. Das Einzige aber, was man dabei herausfand, war: Hunde, die eine enge Bindung an ihr Rudel haben, die finden ihr Rudel immer wieder. Hunde dagegen, die im Rudel sowieso nur maximal das fünfte Rad am Wagen sind, die „verirren" sich hoffnungslos – mit Absicht?

Bienen orientieren sich an einer Art Sonnenkompass, Zugvögel an Sonne, Gestirnen, erdmagnetischen Feldern. Lachse reagieren auf Strömungsreize und den Geruch des Heimatflusses. Aber wie orientieren sich Hunde?

Klar: Hunde sind Nasentiere. Was liegt also näher als die Annahme, dass Hunde ähn-

Selbst in völlig unbekanntem Gelände finden Hunde den schnellsten Weg zum Ziel. (Foto: Christine Steimer)

lich wie Lachse auf den mehr oder weniger zunehmenden „Bekanntheitsgrad" von Gerüchen reagieren. Man packte also Herrn und Hund ins abgedunkelte Auto und fuhr mit ihnen in die Pampa. Dort, im unübersichtlichen Gelände, ließ man erst den Menschen auf ihm vorgegebenen komplizierten Wegen loslaufen, dann später seinen Hund. Und man ging davon aus, dass der Hund in Nullkommanichts die Geruchsspur seines Menschen finden und dieser um jede Ecke folgen würde. Aber: Der jeweilige Hund nahm diese Geruchsspur zwar sofort auf, doch nur, um die Richtung aufzunehmen. Dann sprang er los und fand ganz schnell und auf kürzestem Weg seinen Menschen, ehe der noch dort angekommen war, wo er hinsollte (Gnadenberg, 1962).

Fazit: Wenn Hunde wirklich suchen, dann suchen sie nicht nur mit ihrer Nase. Dann suchen sie mit allen Sinnen. Und dann haben sie mit ihren aufmerksamen Sinnen nicht nur den „Bekanntheitsgrad" der Landschaft und der Umwelt im Blick, im Ohr, in der Nase, sondern auch noch ihre „freie Erinnerung" zur Verfügung, die ihnen sagt: Vorher war das so, jetzt ist das mit ziemlicher Wahrscheinlichkeit ähnlich bis gleich. Und deshalb können Hunde nicht nur – wie Katzen und Lachse – immer wieder nach Hause finden. Sie können sich auch aus der heimischen Sicherheit lösen und gezielt in der Fremde suchen:

Im August 1914 wurde Sergeant Brown mit seiner Truppeneinheit von England nach Frankreich verlegt. Am 27. 9. schrieb seine Frau: „Unser Prince ist weg!" – „Mach dir keine Sorgen", schrieb Sergeant Brown zurück: „Er ist hier."

Nein, Prince war seinem Herrn nicht, die Nase auf dem Boden, gefolgt. Er hatte – wie Frauchen – gewartet. Aber irgendwann hatte er dieselbe Uniform desselben Regiments (Bekanntheitsgrad) erkannt und war diesen Uniformen gefolgt, von England mit der Fähre nach Frankreich, genau dahin, wo dieses Regiment in diesen Uniformen stationiert war (Michell und Rickard, 1983).

Um das hier ganz deutlich zu sagen: Hunde haben keinen sechsten Sinn. Sie sind weder telepathische Medien noch irgendwelche Wundertiere. Aber rein triebgesteuerte Nasentiere sind sie auch nicht: Hunde sind exzellente Beobachter. Weshalb sie auch auf gemalte Artgenossenattrappen nicht hereinfallen: Stilisierte Hundebilder erkennen Hunde mehrheitlich (zu 53 Prozent) schon auf 60 Meter Entfernung als Nichthund. Und selbst ausgesprochen naturnahe Bilder werden immer noch von 20 Prozent auf diese Distanz hin als Nichthund identifiziert (Schauenburg und Scheurmann, 1962). Wellensittichen und Pferden kann man einen Partner aufmalen, vorspiegeln, Hunden nicht.

Hunde gucken, prüfen und vergleichen. Und sie können sich, wenn man sie vor die Wahl stellt, durchaus frei entscheiden: Unsere Boxerin Friggchen zum Beispiel war wirklich keine Intelligenzbestie. Aber das mit dem Tauschhandel „Gib mir das Mäuschen, du kriegst auch ein Markie dafür", das hatte sie nach meinem allerersten Angebot begriffen – und brachte mir dann zerknautschte Mäuse, beschlabberte Amseln, ausgewachsene Igel und Nachbars Hahn: „Hier, kannste haben, wenn du mir ein

Nur bei der Verfolgung einer Fährte verlässt sich ein Hund allein auf seine Nase. (Foto: INFOHUND Eva-Maria Krämer)

Markie gibst." Und bis drei zählen konnte sie auch: Drei Welpen hatte sie zur Welt gebracht, abgeleckt und aufgezogen. Aber wenn sie nicht alle drei im Nest vorfand, dann geriet sie in Panik. Nein, sie war nicht zufrieden mit irgendwelchen übrig gebliebenen Welpen. Sie wollte – und suchte – ihre drei.

Und deshalb haben wir auch in unseren Intelligenztest für Hunde das Item Nr. 9 übernommen: „Legen Sie in Abwesenheit des Hundes vier Leckerbissen auf den Boden: drei zusammen auf einen Haufen, eins einzeln 30 Zentimeter entfernt. Stellen Sie sich zwei Schritte entfernt auf, rufen Sie den Hund und zeigen Sie ihm die Richtung: ‚Da.'" Zwei Prozent aller Hunde erkannten diese Geste nicht. 61 Prozent gingen ohne zu zögern los und fraßen alles. Drei Prozent stutzten und nahmen dann erst einmal den einzelnen Bissen, 17 Prozent überprüften beide Haufen mit der Nase, ehe sie das Nächstgelegene fraßen. Aber 17 Prozent stutzten, prüften und holten sich dann ganz zielstrebig den größeren Haufen.

Nein, Hunde können nicht rechnen. Und sie können auch keine Landkarten lesen. Aber wenn sie es nur wollen, dann finden sie ihr Ziel immer wieder. Und bis drei zählen, das können sie auch.

Die soziale Intelligenz der Hunde: Ich und du

Ich bin ich und du bist du. Menschen wissen das. Wissen Tiere das auch? Der amerikanische Forscher Gordon Gallup machte 1969 die Probe aufs Exempel. Er malte einem Schimpansen einen roten Fleck auf die Stirn und ließ ihn mit einem Spiegel allein. Erst hatte der einsame Schimpanse kein Interesse an seinem Spiegelbild. Aber am dritten Tag entdeckte er es, und am zehnten Tag – endlich – wischte er sich den Fleck von der Stirn. Schimpansen halten also – im Gegensatz zu Wellensittichen – ihr Spiegelbild nicht auf Dauer für einen Fremden oder Artgenossen: Sie erkennen sich, wenn man ihnen Zeit lässt, selbst, sie haben ein Bild von sich selbst und sie wissen dann: Der Fleck da, der gehört nicht zu mir.

Viele Forscher haben dieses Spiegelexperiment mit anderen Tieren wiederholt. Und seitdem weiß man: Außer den Menschen haben nur ganz wenige Tiere die Fähigkeit, sich selbst im Spiegel zu erkennen und darauf zu reagieren. Zu diesen seltenen Ausnahmen gehören die Schimpansen, die Bonobos, die Orang-Utans und vielleicht auch die Delphine und die Elstern. Aber des

Den Hund im Spiegel hält der davor im ersten Augenblick für einen Artgenossen. (Foto: Christine Steimer)

Menschen bester Freund, unsere ach so geliebten klugen Hunde, die gehören nicht in diesen illustren Kreis: Hunde halten ihr Spiegelbild immer erst einmal für einen fremden Artgenossen und gehen den an – so lange, bis sie sich an diese „Vorspiegelung falscher Tatsachen" gewöhnt haben und dann alle Spiegel großzügig übersehen. Und auf aufgemalte Flecken im Gesicht reagieren sie überhaupt nicht.

Hunde interessiert nicht, wie der andere aussieht: Sie merken sich, wie er riecht. (Foto: Christine Steimer)

Haben Hunde also gar kein Ich-Bewusst-sein, keine Vorstellung von sich selbst? Für Gallup und alle seine Schüler war diese Schlussfolgerung zwingend: Die Selbstwahr-nehmung im Spiegel ist das äußere Zeichen für ein Wissen um die eigene Identität, für ein Ich-Bewusstsein. Wer sich im Spiegel nicht erkennt, der hat eben kein Ich-Bewust-sein. Aber: Auch Menschen kommen nicht mit einem fertigen Selbst-Gefühl auf die Welt. Dass das Bild im Spiegel es selbst ist, das lernt ein Kind frühestens mit einein-halb Jahren. Und auch unsere Vettern im Geiste, die klugen Menschenaffen, brau-chen viel Übung und außerdem Erfahrung mit anderen, um mit ihrem Spiegelbild ich-bewusst umzugehen: Spiegel-ungewohnte Affen meiden den Blick auf ihr Spiegelbild. Affen aber, die ohne Artgenossen aufwach-sen, die finden den Fleck auf der Stirn nicht verwunderlich: Sie wissen ja nicht, dass Af-fen keinen Fleck auf der Stirn haben. Und was sieht unser Hund im Spiegel? Auch sein Spiegelbild. Dass das kein Fremder ist, das hat er nach dem ersten Schreck schnell be-griffen: Der Hund, der so dumm ist, seinen wirklichen Knochen ins Wasser fallen zu lassen, bloß weil er nach dem gespiegelten im Wasser schnappt, das ist eine Fabel. Re-alität ist das nicht. Aber was sieht unser Hund noch, wenn er in den Spiegel sieht? Sieht er auch den Fleck, den ich ihm heim-lich auf die Stirn gemalt habe?

Vielleicht. Vielleicht auch nicht. Hunde – das wissen wir ja – sind keine Augentiere. Sie sehen nicht „punktuell" wie wir Men-schen. Sie sehen „flächig" und in der Fläche nur das, was sich bewegt. Wäre der Fleck also nicht aufgemalt, sondern eine vorüberkrabbelnde Spinne, unser Hund hätte sie längst entdeckt und – gefressen. Was aber sagt ihm – falls er ihn überhaupt entdeckt – ein aufgemalter Fleck? Nichts.

Hunde erkennen sich selbst und Artgenossen nicht an irgendwelchen Flecken oder Marken. Hunde erkennen jeden Hund, egal ob groß oder klein, lang- oder kurzhaarig, gescheckt, gestromt, gefleckt oder einfarbig, als Hund, wenn der sich wie ein Hund benimmt, bewegt. Hunde erkennen jeden Artgenossen am arttypischen Verhalten, an der arttypischen Bewegung. Und erst wenn sie ihr Gegenüber genauer kennen lernen wollen, dann prägen sie sich nicht nur sein Bewegungsbild ein. Dann prägen sie sich auch noch sein Geruchsbild ein. Dann unterscheiden sie sich und andere ganz genau – am Geruch. Ein Hund weiß immer, wer wann wo vorbeigezogen oder gewesen ist. Er kann zwischen allen diesen für Menschen unsichtbaren Spuren eine einzige für ihn interessante herausfinden und ihr folgen, als wäre sie aufgemalt. Und er kann auch zwischen lauter fremden seine eigene Trittspur finden und auf ihr wieder zurückkommen.

Hunde erkennen sich selbst und die anderen also erst am typischen Bewegungsbild, dann am jeweils ganz persönlichen Geruchsbild. An Äußerlichkeiten, am „ordentlichen" Aussehen der anderen dagegen sind sie nicht interessiert. Was Hunde interessiert, ist nicht die Frage: „Wie siehst du aus?", oder: „Was habe ich da für einen Fleck auf meiner Nase?" Was Hunde interessiert, ist die Frage: „Wie wirke ich?" Eine zufrieden stellende Antwort auf diese Frage aber bekommt weder Mensch noch Hund durch einen Blick in den Spiegel. Die Antwort darauf bekommt Mensch wie Hund durch die Reaktion der anderen: Gucken die? Sind sie beeindruckt? Lachen sie mich an oder lachen sie mich aus? Diese Frage aber stellt ein selbstbewusster Hund nicht nur seinen Artgenossen. Die stellt er auch seinem Menschen. Immer wieder.

Nein, Hunde drehen sich nicht stundenlang vor dem Spiegel. Aber „eitel" sind sie trotzdem: Für ein kleines Lob, für ein klei-

Manchmal setzt ein Hund auch auf große Gesten, um Wirkung zu erzielen. (Foto: Ulrike Schanz)

nes bisschen Bewundertwerden tun sie fast alles. Deshalb sind sie ja auch – im Gegensatz zu fast allen anderen Tieren, aber genauso wie Menschen – mit Lob und Zuwendung und ohne viele Futterbröckchen oder Dressur erziehbar. Hunde wollen gar nicht immerzu belohnt werden. Sie wollen gelobt werden. Sie wollen gefallen. Sie wollen vom Partner, vom „Du" als bewundernswertes „Ich" wahrgenommen werden.

Und deshalb spiegeln sie sich auch nicht im Spiegel, wie wir Menschen das tun. Sie spiegeln sich in den Reaktionen ihrer Umwelt.

Wer sich aber in den Blicken, den Reaktionen der anderen spiegeln kann, der muss nicht nur fähig sein, sich seiner selbst, seiner Situation und seiner Gefühle bewusst zu sein. Der muss auch fähig sein, die Situation und die Gefühle der anderen zu verstehen und richtig einzuordnen. Der muss den Unterschied zwischen „ich" und „du" sehr genau kennen.

ICH SEHE WAS, WAS DU NICHT SIEHST

Weiß ein Hund, was sein Partner im Blickfeld hat und was nicht? Am Max-Planck-Institut in Leipzig machte man die Probe aufs Exempel: Man holte sechs Hunde ins Institut und machte mit jedem Hund achtmal hintereinander dasselbe Experiment:

Man legte ihnen mit dem strengen Befehl „Nein" einen verbotenen Bissen auf den Boden und filmte, was sie taten, wenn der Experimentator sie ansah, wenn er ein Computerspiel spielte, wenn er die Augen

schloss, ihnen den Rücken zuwandte, aus dem Zimmer ging. Und das Ergebnis war deutlich:

Sah der Mensch den Hund an, holte sich jeder Hund im Schnitt einmal und auf komplizierten Schleichwegen einen verbotenen Happen, war der Mensch durch das Spiel abgelenkt, war die „Erfolgsquote" schon doppelt so groß. Schloss der Mensch aber die Augen oder wandte er sich ganz ab, dann holten sich die Hunde – ohne jeden Umweg – das Dreifache. Verließ der Mensch allerdings das Zimmer, dann waren letztendlich von 48 verbotenen Happen 47 weg. Und damit ist nun wissenschaftlich zweierlei bewiesen, was wir Hundehalter schon immer wussten:

1. Der „absolute Gehorsam" unseres Hundes ist ganz direkt von unserer eigenen Konzentrationsfähigkeit abhängig. Und:
2. Unsere Hunde haben nicht nur uns im Blick. Sie wissen auch, was wir im Blick haben.

„Ich sehe was, was du nicht siehst" heißt ein beliebtes Kinderspiel: Man lässt den Blick schweifen, merkt sich irgendetwas und lässt den Mitspieler raten, was man wohl eben gesehen hat. Menschenkinder lernen dieses Spiel mit vier Jahren (und verraten sich durch allzu deutliche Blicke immerzu).

Aber mit sechs Jahren können sie's. Dann haben sie begriffen, dass du von da nicht dasselbe siehst wie ich von hier. Und sie können sich – ohne den eigenen Platz zu verlassen – in das Blickfeld des anderen hineindenken.

Auch Menschenaffen lernen das: Da sitzt Big-Boss vor einem Haufen Bananen und lässt keinen ran. Dann hat Jungspund nur zwei Möglichkeiten: Entweder er wartet, bis Big-Boss irgendwie abgelenkt wird und sich damit dessen Blickwinkel wenigstens vorübergehend ändert. Oder aber er überprüft, ob nicht irgendeine der Bananen so liegt, dass Big-Boss sie gar nicht im Blick haben kann.

Hunde sind keine Früchte fressenden Augentiere. Hunde sind Rudeljäger. Aber gerade erfolgreiche Rudeljäger müssen unbedingt wissen, was der Kumpan gerade jetzt im Blick hat. Hunde können sich ja mangels Wortsprache nicht vorher verständigen: „He, du, rechts vom dritten Baum links ist was!" Ein zum gemeinsamen Jagen (oder auch zum gemeinsamen Verteidigen) entschlossenes Rudel verständigt sich deshalb – sehr zum Leidwesen des dazugehörigen Menschen – ganz schnell und geräuschlos: Einer hat das „Was" entdeckt, verharrt, fixiert, die anderen reagieren sofort, nehmen dessen Blickwinkel auf und – ab geht die Jagd mit verteilten Rollen, aber einem gemeinsamen Ziel.

Aber Hunde können nicht nur mit Blicken sagen: „Da, genau da, ist was!" Sie können auch ganz gezielt und erfolgreich so etwas wie „Ich sehe was, was du nicht siehst" spielen: Big-Boss hat einen ganz wunderbaren Kaustock, aber Jungspund darf da nicht dran. Also legt sich Jungspund in höflicher Entfernung neben Big-Boss und guckt ganz interessiert und angetan in die Ferne, so lange, bis Big-Boss sich fragt: „Was ist denn da?", die Blickrichtung aufnimmt, den Stock aus dem Auge verliert.

Etwas nehmen, was der „Boss" liegen lässt, ist für Hunde nicht klauen. (Foto: Christine Steimer)

Und dann braucht Jungspund nur noch eine kleine schnelle Bewegung – und hat den Stock. Wer also mit Hund neben sich sein Frühstücksbrötchen selbst essen will, der behält es am besten „im Blick". Der Hund neben uns weiß immer, wo wir die Augen haben. Und „Klauen" ist in Hundekreisen nichts Ehrenrühriges. Im Gegenteil: Was der eine jetzt und im Moment nicht frisst, das frisst eben der andere. „Ehrenrührig" ist nur, jemandem das Fressen mit Gewalt wegzunehmen, das täte noch nicht einmal Big-Boss bei Jungspund.

Die wissenschaftliche Frage ist also nicht: Reagieren Hunde auf unsere Augen oder aber auf unsere Körperhaltung? Diese Frage beantwortete die Leipziger Untersuchung klar. Sie reagieren auf beides: Schloss der Experimentator die Augen, fraßen die Hunde von acht Futterbrocken im Schnitt 3,3. Drehte er ihnen den Rücken zu, taten sie genau dasselbe. Die Frage ist: Haben sie eine Vorstellung davon, ob und was ihr Gegenüber sehen kann, haben sie ein Konzept vom

Sehen oder Nichtsehen? Und diese Frage muss man wohl mit Ja beantworten:

Unser Hovawart-Rüde Duki war ein gnadenloser Igelkiller und ich konnte den armen Stacheltieren nur helfen, wenn ich im Dunkeln irgendwie das Halsband des Hundes erwischte, die Augen schloss, mich auf ihn stützte und ihm sagte: „Bring mich heim." Dann ließ er Igel Igel sein und führte sein „blindes" Frauchen wie ein gelernter Blindenhund ganz sanft über Stock und Stein sicher nach Hause. Ich durfte dabei allerdings nicht mogeln. Bekam er – wie auch immer – das Gefühl: „Die guckt ja selber", warf er nur schnell einen absichernden Blick auf mein Gesicht und – weg war er.

Was ist ein Blindenhund? Das ist ein Hund, der an meiner Stelle guckt, einer, der „weiß", dass ich nicht sehen kann, der aber diese eine Behinderung nicht als allgemeine Schwäche auslegt und ausbeutet. Es ist ein Hund, der zwischen nicht sehen können und nichts sagen/machen/tun können genau unterscheidet. Wer aber so differenzieren kann, der muss ein Konzept vom Sehenkönnen des anderen im Kopf haben. Die Frage ist nur: Wie kann man diese Fähigkeit im wissenschaftlichen Laborversuch nachweisen?

Blindenhund werden kann jeder Hund – vorausgesetzt, er ist so groß, dass der Blinde neben ihm sich von ihm führen lassen kann. Ob aus ihm aber ein guter Blindenhund wird, das ist dann von seiner Beziehung zum Blinden und seiner Fähigkeit, dessen Sprache zu verstehen, abhängig. Auch klauen, im unbeobachteten Moment abstauben, wie es die Leipziger Hunde sollten, das kann jeder Hund. Ob er es erfolgreich tut, hängt aber von seiner Umgebung, von seiner Beziehung zu seinem Gegenüber ab. Als Intelligenztest für Hunde eignet sich der Versuch der Leipziger Forscher allerdings nicht: Er ist – wie mein Igelkillerabwehrversuch auch – eher ein Beziehungstest. Aber: Auch Beziehungsfähigkeit ist ein Aspekt der Intelligenz.

KÖNNEN HUNDE GEDANKEN LESEN?

Ich habe es immer wieder erlebt: Ich sitze am Tisch und plane den Tag, die Hunde liegen um mich herum, dann stehe ich auf, und meine Hunde wissen nicht nur – ohne Worte – was anliegt, sie wissen auch, wel-

Der Mann hat gerade beschlossen, die Zeitung wegzulegen – sein Hund ist schon zur Stelle. (Foto: Christine Steimer)

cher diesmal mitkommt: Dieser eine wartet ungeduldig, die anderen trollen sich unter stummem Protest.

Können Hunde Gedanken lesen?

„Na klar", sagen Hundefreunde. „Mein Hund weiß immer, wohin ich gehe und wie ich mich fühle. Und er kann sogar die Absichten und Gedanken von Fremden viel schneller und viel sicherer verstehen als ich." – „Nein", sagen die Experten, „Hunde können sich nicht bewusst in andere hineindenken, sie können nicht mitdenken, nicht verstehen. Das, was uns wie fast schon menschliches Mitgefühl vorkommt, ist nichts anderes als Stimmungsübertragung, Ansteckung."

Stimmungsübertragung, die Bereitschaft, sich von der Stimmung des anderen anstecken zu lassen, ist unter sozialen Tieren eine weit verbreitete angeborene Fähigkeit. Und sie dient, genauso wie der Zusammenschluss mit den anderen, einzig und allein nur einem Ziel: der eigenen Sicherheit und dem eigenen Überleben. Gemeinsam mit anderen ist man nicht nur sicherer vor Fressfeinden, man findet auch schneller den besten Fress-, Trink-, Schlafplatz, und man findet auch immer einen passenden, stimmungsgleichen Partner zur Balz, zum Nestbau, zur Jungenaufzucht.

Diese Synchronisation der Stimmungen bringt nicht nur dem Fisch, dem Star im Schwarm, dem Zebra, der Kuh in der Herde Vorteile. Sie bringt auch den Hunden Vorteile.

Doch Hunde können sich nicht nur wie Fische, Stare, Kühe von der Stimmung des anderen anstecken lassen. Hunde können auch im Gegensatz zu Fischen, Staren, Kü-

hen ganz anders reagieren: auf Ruhebedürfnis mit Aufmunterung, auf Aufgeregtheit mit Beruhigung. Hunde können die Stimmung des anderen wahrnehmen und fast schon vernünftig helfen:

Unsere Boxer hatten am Zaun lang mal wieder erfolgreich einen Feind verjagt. Nun kamen sie zurück, Lulu stolz vorweg, Brutus irritiert und kopfschüttelnd hinterher. Und der Grund für sein Kopfschütteln war deutlich sichtbar: Er war wohl mit den Zähnen im Maschendraht hängen geblieben und hatte sich einen Schneidezahn abgerissen, der ihm jetzt zwischen den Lippen aus dem Maul ragte. Aber während ich noch überlegte, wie man einen ausgewachsenen Boxer auf einen Zahnarztstuhl bringt, kam Lulu an. Er duckte ab, besah sich die Misere und – schwupps war der Zahn weg.

Sheila und Fanny, die beiden Retriever-Damen, gingen mit Frauchen spazieren. Frauchen zog stur geradeaus, Sheila und Fanny wuselten durch die Gegend. Doch plötzlich war der Pfad, den die Hündinnen genommen hatten, zu Ende und von Frauchen trennte sie ein tiefer Wassergraben. Für Sheila war das kein Problem, sie sprang einfach rüber. Aber die alte Fanny traute sich nicht. Also sprang Sheila wieder zurück, stupste sie und zeigte ihr, wie das geht. Aber Fanny traute sich immer noch nicht und geriet langsam, aber sicher in Panik. Da sprang Sheila zum vierten Mal über den Graben, nahm die alte Fanny quasi an die Hand, lief mit ihr den ganzen Weg wieder zurück bis zu einem kleinen Steg und brachte sie wohlbehalten und glücklich zu Frauchen.

Nun könnte man natürlich sagen: Diese Beispiele sind zwar bemerkenswert, aber die Hilfeleistungen, die Lulu und Sheila bringen, sind doch nichts anderes als ganz normales angeborenes Rudelverhalten. Hunde leben nicht im namenlosen Schwarm, in der bunt zusammengewürfelten Herde. Hunde leben – wie Menschen – in Rudeln. Im Rudel aber kennt jeder jeden. Und im Rudel hilft auch jeder jedem. Doch das tut er nicht freiwillig und aus lauter Freundschaft, das tut er angeborenerweise und ganz eigennützig nach dem Motto: „Ist mein Rudel stark, bin ich selber stark."

Wenn also Lulu dem Brutus einen ausgebrochenen Zahn zog, wenn Sheila die alte Fanny wieder auf Umwegen zum Rudel zurückführte, dann handelten sie nicht aus Verständnis oder Einsicht. Dann taten sie – ganz schnell und ohne Verständnis – irgendetwas, was die altbewährte Rudelordnung wiederherstellen sollte und was rein zufällig Erfolg brachte.

Aber: Duki, unser Hovawart-Riese, war ein begeisterter und erfolgreicher Vogeljäger. Er fing Türkentauben und Meisen im Flug. Eines frühen Morgens nun hatte sich eine Amsel unter dem Netz verfangen, das wir zum Schutz gegen die Amseln über unseren Weinstock gehängt hatten. Duki sah sie als Erster. Die Amsel schrie, wir schrien. Zu spät. Im Nullkommanichts hatte sich Duki die Amsel aus zwei Meter Höhe aus dem Weinstock geklaubt, trug sie in der Schnauze auf den Rasen, setzte sie ab – und sah schwanzwedelnd zu, wie sie sich schüttelte, die Flügel glättete und davonflog.

Den Notschrei der Amsel verstand Duki und reagierte darauf. Die Angst der Igel hat er nie verstanden, die verstand Lulu: Immer wenn Duki mal wieder einen Igel gefunden hatte und das arme, zusammengerollte Tier durch die Gegend schleuderte, bis es aufgab und sich öffnete, kam Lulu herbei. Er stellte sich schützend über den Igel, zeigte Duki die Zähne, nahm dann das Stacheltier und brachte es mir ins Wohnzimmer: „Pass du auf!"

Hunde reagieren also nicht nur ganz eigennützig auf die Stimmungen im Rudel. Sie reagieren auch ohne eigenen Vorteil auf Stimmungen anderer. Und sie können aus eigenen Stimmungen und Erfahrungen lernen und dann Lehrer sein:

Duki fing und knackte auch Wespen. Wir sahen das nicht gerne, Spatzl aber fand das toll und versuchte, es ihm gleichzutun – bis eine Wespe sie in die Zunge stach. Von Stund an aber verbot sie allen das Wespenfangen. Bei Duki hatte sie nur Erfolg, wenn sie direkt neben ihm stand.

Doch Tata und Zuschu, die von ihr aufgezogen wurden, haben das gelernt. Und sie haben von Spatzl auch noch etwas anderes gelernt, was viele Menschenkinder nie lernen: Sie können (beide) jede Wespe und jede Biene von jeder ebenfalls schwarzgelben, aber harmlosen Schwebfliege unterscheiden. Wespen und Bienen gehen sie fast ängstlich aus dem Wege (obwohl keiner von beiden eigene schlechte Erfahrungen hat). Schwebfliegen, die wie Wespen aussehen, dagegen fangen sie mit Begeisterung.

Doch Hunde können nicht nur anderen etwas beibringen und anderen ganz „vernünftig" helfen. Sie wissen auch, wann Hilfe nicht mehr möglich ist: Hunde kennen und akzeptieren den Tod.

Und wer je Leben und Sterben im „Rudel" beobachten konnte, der weiß: Man muss auch Hunden die Gelegenheit geben, von einem für sie wichtigen Rudelmitglied Abschied zu nehmen. Der „aufgeregte Kerl", der nicht mehr frisst und überall sucht, der „treue Hund", der jeden Tag zur Bushaltestelle läuft, um sein verstorbenes Herrchen dort abzuholen, der ist nicht unfähig, den Tod zu begreifen. Dem hat man nur sein totes Herrchen, seinen toten Kumpan nicht gezeigt.

Haben Hunde ein (mitunter auch schlechtes) Gewissen?

Jeder Hundehalter kennt das: Man war etwas länger weg, kommt zurück und sieht das Missgeschick schon auf den ersten Blick. Aber ehe man noch aus der Haut fahren kann, duckt unser Hund ab, legt Schwanz und Ohren an und versucht, sich leise wedelnd unsichtbar zu machen. Unser Hund – das personifizierte schlechte Gewissen?

War das sein erstes Kissen, weiß er noch nicht, dass Menschen darauf sauer regieren. (Foto: Christine Steimer)

„Nein, nein", sagen die Naturwissenschaftler, „das ist kein schlechtes Gewissen, das ist nur Angst vor Strafe. Hunde", so sagen sie, „sind exzellente Beobachter. Sie sehen ganz genau, wie der Mensch sich, ehe er explodiert, aufrichtet und Luft holt, und versuchen, diesen Zornausbruch durch Demutsgesten zu besänftigen."

Doch – und auch das kennt jeder Hundehalter – häufig genug schleicht der Missetäter schon vor Entdeckung seiner Tat beschwichtigend daher. Und erst der Anblick des reuigen Sünders treibt den Halter hoch mit der Frage: „Was hat der denn jetzt schon wieder angestellt?" „Ja", sagen die Naturwissenschaftler, „es gibt bei sozial lebenden Tieren so etwas wie Moral-analoges Verhalten: Es gibt in solchen Gruppen einen Verhaltenscodex, und wer gegen ihn verstößt, der muss damit rechnen, ausgeschlossen zu werden, und er muss deshalb rechtzeitig gut Wetter machen und sich entschuldigen. Er muss. Und er tut das auch – angeborenerweise. Mit Einsicht, Moral, Gewissen hat das nichts zu tun".

Was ist das, ein Gewissen? Meyers Konversationslexikon sagt: Gewissen ist „das persönliche Bewusstsein vom sittlichen Wert oder Unwert des eigenen Verhaltens, die Fähigkeit der moralischen Selbstbeurteilung".

Aber: Dieses Wissen um gut oder böse ist nichts (dem Menschen) Angeborenes. Es muss erworben, gebildet werden. Kleinkinder haben noch kein Gewissen. Sie leben (wie junge Hunde) nach dem Lustprinzip. Und das Einzige, was sie mehr oder weniger einengt, sind die Ge- und Verbote der Eltern. Die Eltern sind also quasi das Gewissen der Kinder. Doch irgendwann wächst das Kind aus seiner kleinen, überschaubaren Welt hinaus und lernt andere Gruppen, andere Ge- und Verbote kennen: erst im Kindergarten, dann in der Schule, dann in der Gleichaltrigenclique, der Außenwelt, die immer wichtiger wird. Und in Anpassung oder Auseinandersetzung mit all diesen Gewissensinstanzen entwickelt der junge Mensch dann im Laufe seiner Pubertät ein eigenes Wertsystem, ein eigenes, persönliches Gewissen.

Der Weg dorthin aber ist weit und mit Stolpersteinen gepflastert. Und das Ergebnis ist häufig genug ziemlich zufallsbedingt und ausgesprochen subjektiv: Der eine macht sich wegen jeder totgeschlagenen Fliege ein schlechtes Gewissen, der andere nicht.

In der Beziehung aber geht es den Hunden nicht viel anders: Auch Hunde kommen als ausgesprochene Egoisten zur Welt. Und ihre Eltern, die Alttiere, stützen sie noch: Ein Welpe darf alles und muss nichts. Aber spätesten im Alter von sechs Wochen beginnt auch im natürlichen Hunderudel die Erziehung zur „Hundemoral": „Pinkel nicht ins Wohnzimmer! Lass Vater schlafen! Beiß deine Schwester nicht! Hör, was Mutter sagt!"

Noch einmal sechs Wochen später muss der Junghund dann lernen: „Warte! Halt die Klappe! Bleib zurück! Hör, was Mutter sagt!" Und wenn er das begriffen hat, dann darf er – sechs Monate alt und als „Lehrling" – mit zur Jagd. Bewährt er sich dabei, zeigt er wieder sechs Monate später, dass er gelernt hat: „Spiel dich Vater gegenüber nicht auf! Pass auf, was wir machen! Hör, was Mutter sagt!", dann darf er als erwachsener Helfer, der sich an die dort geltenden Ge- und Verbote hält, im Rudel bleiben. Die allermeisten Hunde aber kommen schon im Welpenalter in eine Menschengesellschaft und müssen dann dort im Schnellkurs Menschenmoral lernen: „Du sollst nicht auf dem Sofa liegen, du sollst den Besuchssessel nicht markieren, du sollst nicht klauen, nicht betteln, nicht jagen, nicht streunen, du sollst Fremde im Revier dulden, du sollst dir alles wegnehmen lassen ..."

Aber: Vieles von dem, was wir von unserem Hund verlangen, ist ganz einfach gegen seine Natur, vieles versteht er überhaupt nicht, vieles ist gegen jede Hundemoral. Häufig genug hat deshalb unser Hund mit uns und unserer Moral Probleme, und dann hat er wirklich nur noch Angst vor Strafe. – Aber hat er deshalb kein Gewissen? Keine Moral?

Machen wir doch einmal ein Gedankenexperiment: Stellen wir uns doch einmal vor, nicht ein einzelner Hund wüchse in einer Menschengesellschaft auf, sondern ein einzelner Mensch wächst als Kind unter lauter Hunden auf. Was würde er lernen und bei Missachtung mit schlechtem Gewissen, mit Scham und Schuldgefühlen erleben müssen?

Er würde lernen:

● Du sollst Vater und Mutter achten: Die Alttiere dulden keinen Widerspruch.
● Du sollst nicht streiten: Im Rudel besteht Friedenspflicht.
● Du sollst nicht töten: Wenn der „Feind" sich unterwirft, lass ihn laufen.

Hündinnen sind Mütter, die ihrem Nachwuchs deutlich zeigen, was von ihm erwartet wird. (Foto: Ulrike Schanz)

● Du sollst das Eigentum des anderen achten: Du darfst betteln und klauen, aber du darfst dem erfolgreichen Jäger nicht die Beute wegnehmen.
● Du sollst dem anderen nicht deinen Willen aufzwingen: Wenn jemand schlafen will, dann lass ihn schlafen, und wenn er gehen will, dann lass ihn gehen.

Wäre ein Mensch, der diese fünf Gebote verinnerlicht hätte, ein Mensch ohne Moral, ohne Gewissen? Wohl kaum, er hätte nur – genau wie unser Hund – Schwierigkeiten, wenn er sich von einem auf den anderen Tag in eine andere, in eine rein menschliche Gesellschaft mit ihren vielen Ge- und Verboten hineinpassen müsste. Und er müsste sich dann entscheiden: Bleibt er bei seiner alten Moral und eckt damit dauernd an? Übernimmt er einfach die neue? Oder bildet er aus beiden zusammen eigene Spielregeln, an die er sich hält und die ihm dann ein gutes Gewissen garantieren?

Zur Gewissensbildung gehört die Entscheidungsfreiheit: Ein gutes Gewissen stellt sich nicht automatisch dann ein, wenn ich immer nur das Richtige tue, weil ich es muss (sonst hagelt's). Ein gutes Gewissen entsteht, wenn ich freiwillig das Richtige tun kann (auch wenn es dann hagelt). Ohne Entscheidungsfreiheit findet Gewissensbildung gar nicht statt: Gewissensbildung setzt erst ein, wenn die Eltern dem Kind Gewissensfreiheit zugestehen, wenn die Eltern nicht immerzu nur das Böse verbieten, sondern vor allem das Gute belohnen.

Den Unterschied zwischen Gut und Böse muss jedes Kind erst lernen, und jeder Hund könnte das auch. Aber: Als „ewiges Kind", als „Nur-Befehlsempfänger", als verantwortungsfreier „unser Vierbeiner" lernt er das nie.

KÖNNEN HUNDE LÜGEN?

Der Volksmund sagt: „Dem Hinken der Hunde, den Tränen der Frauen – wer kann dem trauen?" Und was sagt uns diese alte Weisheit? – Sie sagt uns:

1. Männer lügen nicht (jedenfalls nicht mit Tränen oder Hinken), und
2. Hunde lügen.

Das aber steht in direktem Widerspruch zu allem, was uns Naturwissenschaftler und Philosophen sagen:

„Als Lüge", so F. Kainz (1961), „bezeichnet man die bewusst falsche, auf Irreführung des Partners abgestellte Aussage ... Das kön-

nen Tiere schon deshalb nicht, weil sie keine Sprache haben." Und Kirchenvater Augustinus sagte: „Die Lüge ist eine Aussage mit dem freien Willen, etwas Falsches auszusagen." Tiere dagegen, die ja keine Sprache, kein Bewusstsein und keinen freien Willen haben, sind nur fähig zu taktischen Täuschungen: Sie können sich bei Gefahr tot stellen, sie können den Fressfeind mit vorgetäuschter Flügellahmheit vom gefährdeten Nest wegleiten. Doch diese Täuschungsmanöver sind keine willentlichen,

Mit dem treuherzigsten Blick der Welt können Hunde Theater spielen, um etwas zu erreichen. (Foto: Ulrike Schanz)

bewusst falschen Aussagen, sie sind angeboren. Sie gehören zum fest gefügten In-
stinktverhalten. Sie laufen immer so ab und
sind dem freien Willen nicht untergeord-
net. Tiere können nicht lügen. Und Scho-
penhauer, Menschenverächter, aber Hunde-
freund, sagte: „Es gibt nur ein lügenhaftes
Wesen auf der Welt: Es ist der Mensch."

Trotzdem – der Volksmund hat Recht:
Hunde können lügen. Und sie tun's:

Meine Boxerin Friggchen, in Armut und
Konkurrenz aufgewachsen, war einfach
nicht davon zu überzeugen, dass in Lulus
Fressnapf nicht was viel Besseres steckte als
in ihrem. Aber Lulu – so sehr er sie auch
sonst liebte – ließ sie da nicht dran. Also
stürzte sie, während er ins Fressen vertieft
war, zur Tür und bellte, als stünde sonst wer
dahinter. Lulu, ganz Held und Beschützer,
ließ Fressen Fressen sein und sprang los,
bereit, seine Hündin gegen alles und jeden
zu verteidigen. Und Friggchen, die Lügne-
rin, lief schnurstracks zu Lulus Napf, packte sich wie ein Hamster die Backen voll und
stand, wenn Lulu unverrichteter Dinge zu-
rückkam, schon wieder, als sei überhaupt
nichts gewesen, an ihrem eigenen Topf.

Im Gegenzug aber ließ sich Friggchen
von ihrer gerade eben drei Monate alten
Tochter vorführen: Auch Assy war fest davon überzeugt, dass das Fressen der anderen besser schmeckte als ihr eigenes. Also
ging sie zur Mutter, Mutter sagte: „Geh
weg!" Assy setzte ihr unschuldigstes Baby-
gesicht auf, hob beschwichtigend die Pfote
– und hieb die dann mit voller Kraft auf
den Napfrand. Der Napf geriet in heftige Ei-
genbewegung. Friggchen, vom Temperament her eher ein panisches Hinkel, sprang

davon. Assy aber stieg ganz gelassen mit
beiden Vorderbeinen in den noch rotieren-
den Pott und fraß, und wenn ihre Mutter
sich vom Schreck erholt hatte und zurück-
kam, ging sie zufrieden davon.

Und unsere Hovawartin Spatzl gewöhnte
ihrem Tierarzt mit einer einzigen erfolgreichen Lüge das verhasste Hochgehoben-
werden ab: Sie ließ sich steif und starr auf
den Behandlungstisch heben. Sie ließ sich
steif und starr runterheben. Aber kaum hatten ihre Füße den Boden berührt, schrie sie
auf und stürzte in den höchsten Tönen
kreischend und auf drei Beinen hinkend
aus der Praxis, durch das vollbesetzte War-
tezimmer, nach draußen.

Alle waren entsetzt: Die Hündin war
gesund und auf allen Vieren ins Behand-
lungszimmer gegangen, jetzt kam sie
schreiend und schmerzverzerrt auf drei
Beinen wieder raus! Was war passiert? –
Nichts, gar nichts. Und ich wusste das von
Anfang an: Kaum hatte ich die Praxistür
hinter uns geschlossen, lief meine „Lüge-
backe" wieder ganz normal und fröhlich
weiter und warf mir sogar noch einen Blick
zu: „Klasse, was?" – Aber der Tierarzt, der
hat sie nie wieder hochgehoben.

Ich weiß, solche „Lügebacken"-Geschich-
ten kennen alle Hundehalter. Aber: Das sind
Einzelbeobachtungen. Ernsthafte Naturwissenschaftler jedoch halten nichts von
solchen Einzelbeobachtungen und tun die
meist als wertlose Anekdoten ab. Was in den
Naturwissenschaften zählt, das sind quan-
titative Daten, Daten, die im Experiment
unter neutralen Bedingungen und mit neutralen Beobachtern gewonnen wurden und
die jeder jederzeit wiederholen kann.

Er scheint skeptisch zu sein, wie er sich als Nächstes verhalten soll. (Foto: Ulrike Schanz)

Das Dumme ist nur: Unter experimentellen Bedingungen mit neutralen, also unbekannten Beobachtern kann man das „Lügen" schwerlich nachweisen. Erfolgreich lügen kann und tut Mensch und Hund nämlich nur dann, wenn er die Situation kennt, wenn er seine Partner und deren Reaktion einschätzen kann, wenn er sich sicher fühlt: In neutraler, fremder Umgebung hätte Friggchen Lulu nicht vom Fressen weglocken müssen, in fremder Umgebung fraß Lulu sowieso nichts. Und hätte sie den Tierarzt nicht gekannt, hätte sich Spatzl von ihm nie hochheben lassen: Fremden gegenüber log sie nicht. Denen sagte sie immer ganz ehrlich die Meinung: „Fass mich nicht an!"

Zum Lügenkönnen gehört also neben dem freien Willen und der „Sprache" auch noch eine vertraute Umgebung, die Sicherheit in dieser Umgebung und – Übung.

Lügen muss Mensch und Hund lernen: Menschenkinder lernen das im Alter zwischen vier und sechs Jahren. Und sie lernen das umso perfekter, je mehr Erfolg sie damit haben, je mehr sie ihre Umwelt zum eigenen Vorteil belügen können. Auch Hunde müssen das Lügen lernen, und auch sie müssen lernen, dass Lügen mitunter wirklich sehr kurze Beine haben und dass man sich beim Lügen nicht erwischen lassen darf, denn: „Wer einmal lügt, dem glaubt man nicht ..."

Friggchen wusste das: Sie log in so unregelmäßigen Abständen, dass Lulu daraus keine Schlüsse ziehen konnte. Aber: Ihre Notruflüge funktionierte nur bei Lulu. Duki, der Hovawart, hob bei ihrem Schrei „Einbrecher!" nur kurz den Kopf – und fraß weiter. Dafür aber ließ sich dann Duki von Spatzl vorführen: Wann immer der Riese dem Mädchen in die Quere kam, schrie sie ihren Hinkelschrei: „Hilfe, der hat mir weh getan!" Alles lief zusammen, und es dauerte gar nicht lange, da ließ Duki ihr überall und jederzeit den Vortritt. Duki gegenüber brauchte sie ihren Hinkelschrei bald nicht mehr. Sie wandte ihn dann – selten, aber erfolgreich – bei Leuten an, die darauf reinfielen. Der Mensch ist das einzige Wesen, das lügen kann? Diesen Satz wird man wohl umschreiben müssen in:

Der Mensch ist das einzige Wesen, das Lügengeschichten erzählt. Lügen, das heißt, ohne Worte und Geschichten einem Partner absichtlich und zum eigenen Nutzen etwas vortäuschen, das können – wie uns Verhaltensforscher bestätigen – Amseln, Eisfüchse, Paviane, Gorillas auch. Und auch unsere ach so ehrlichen Hunde, die können und die tun das. Sie tun das allerdings mit so viel Intelligenz und Übersicht, dass es heute immer noch „Fachleute" gibt, die behaupten: „Hunde lügen nicht."

KÖNNEN HUNDE DENKEN?

Was ist Denken? Denken ist der Verstandesvorgang, bei dem Wahrnehmungen, Erinnerungen, Vorstellungen miteinander in Beziehung gebracht, miteinander verglichen werden. Ein kluger Mensch denkt, ehe er handelt, plant, Schlüsse zieht, zu neuen Einsichten kommt. Und erst aus diesem Vorher-nachher-Bedenken entsteht einsichtiges, vernünftiges Handeln. Denken ist also Probehandeln.

Tiere, so erzählt man uns seit 2.000 Jahren, denken nicht. Tiere haben keine Vorstellung von gestern und morgen, von dort und da, von wenn und aber. Tiere leben im Jetzt und Hier, und was außerdem noch sein könnte, das ist – auch für die Intelligentesten unter ihnen – keine Vorstellung, das wird für Tiere immer erst in dem Moment aktuell, in dem es konkret wird. Tiere, so die allgemeine Meinung, reagieren nur auf das, was da ist, sie handeln im Moment und nach Versuch und Irrtum, aber nie aus Einsicht, nie nach Plan wie wir Menschen. Wirklich nicht?

Unser Boxer Lulu hatte sich eine Kartonsammlung angelegt, und wann immer es ihm in den Sinn kam, zog er los, holte sich einen Karton und präsentierte ihn dem staunenden Publikum. Seine Sammlung draußen auf der Terrasse hatte in Wind und Wetter schon arg gelitten. Aber er hütete sie wie seinen Augapfel und duldete nicht, dass irgendein anderer Hund ihr zu nahe kam. Eines Tages nun saß die ganze Familie auf der Terrasse, der alte Lulu dösend zu Füßen der Hausherrin. Da kam Duki, der Hovawart-Jungspund, nahm sich kurz entschlossen einen der Kartons und zeigte ihn stolz dem Rudel. Prompt sprang Lulu auf, und alle drumherum, auch der Jungspund, hielten den Atem an. Aber – Lulu stürzte sich nicht auf den Sünder. Er versteinerte, verharrte zwei Sekunden, drei Sekunden, dann drehte er ab und verschwand im Haus.

Es gibt Hunde, die holen die Katze zu Hilfe, wenn sie alleine nicht zum Ziel kommen. (Foto: Christine Steimer)

Wenig später hörten wir es weit weg rumpeln. Das Rumpeln kam näher und näher. Und da stand er: Lulu, der Unschlagbare. Und er präsentierte einen Karton, der war nicht nur funkelnagelneu und unbefleckt, der war so groß, dass man den Hund dahinter kaum mehr sah, so sperrig, dass der Boxer ihn nur mit Mühe hochhalten konnte.

Was war das? Alles nur Reaktion auf Hier und Jetzt, ohne jede Vorstellung, jeden Plan, jede Einsicht, jedes Probehandeln im Kopf? Es wäre so einfach gewesen, dem Jungrüden den Karton abzujagen, noch unterwarf sich der große Jungrüde dem kleineren Alten. Und sekundenlang sah es auch so aus, als würde Lulu ganz instinktiv ganz genauso reagieren. Doch er griff nicht an.

Er ließ Sünder und Karton stehen, ging los, durchs Haus, die Kellertreppe hinunter, durch den Keller, öffnete die schwere Eisentür zur Rumpelkammer, in der ich meine Kartons aufhob, suchte sich den größten aus und bugsierte den um alle Ecken, die enge Treppe wieder hinauf bis nach draußen: „Seht her! Mein Karton ist viel schöner, viel größer als seiner!"

Seit ich Zeuge dieser Aktion wurde, glaube ich nicht mehr, dass Denken, Planen, Einsicht rein menschliche Fähigkeiten sind: Lulu muss sich etwas gedacht haben, als er plötzlich vor diesem aufmüpfigen Junghundriesen stand.

Er muss eine Wahrnehmung (der Jungrüde ist zwar frech, aber auch groß) mit einer Erinnerung verknüpft haben (im Keller gibt es noch viel imposantere Kartons). Er muss einen Plan gehabt haben (wie man an die dran kommt) und eine Vorstellung (wie man mit diesen Kartons noch viel mehr imponieren kann). Und er muss in den kurzen Sekunden des Probehandelns, Nachdenkens zu der Einsicht gekommen sein, dass eine zwar umständliche, aber gezielte Gegendemonstration in diesem Fall „klüger" war als ein schnelle, aber riskante Keilerei mit dem inzwischen 20 Kilogramm schwereren Jungrüden. Und auch Duki zeigte nach dieser Demonstration Lernfähigkeit und Einsicht: Er ließ die Kartons des Alten in Ruhe – und legte sich eine eigene Stöckesammlung zu.

Seit der amerikanische Biologe D. R. Griffin 1984 dargestellt hat, „wie Tiere denken", ist es auch unter reinen Naturwissenschaftlern üblich geworden, wenigstens einigen Tieren so etwas wie kognitives Verhalten zuzugestehen, also eine Art von verstandesmäßigem Erkennen, Lernen, Abwägen, Urteilen, Denken.

Und man weiß inzwischen sogar, woran Mensch erkennt, wann Hund „denkt": Mensch erkennt es am hundlichen Verhalten: Der Hund hat irgendetwas vor, stutzt, verharrt, und macht dann etwas ganz anderes.

Heute sagt man also nicht mehr: „Der Mensch ist das einzige Wesen, das ...", man sagt: „Es gibt große Unterschiede, aber die sind nicht grundsätzlich, sondern nur graduell." Und der größte Unterschied zwischen Mensch und Hund, das ist wohl die typisch menschliche Frage: „Warum?"

„Warum ...? Warum ...? Warum ...?" Kaum lernen Menschenkinder plappern, schon nerven sie die armen Eltern mit ihrem „Waruhum?". Etliche Eltern reden sich dann die Lippen fusselig, etliche verbitten sich das genervt. Aber alle kennen sie den Kinderliedrefrain: „Wieso – weshalb – warum? – Wer nicht fragt, bleibt dumm", und richten sich mehr oder weniger danach.

Hunde fragen auch, und manche können – wie neugierige Kinder – richtige Nervensägen sein: „Was hast du da? Was machst du da? Wo willst du hin? Was hast du vor?" Hunde können auch von dem, was ihr Partner tut, überrascht sein (weil sie etwas anderes erwarteten). Sie können dann deutlich über ihren Partner den Kopf schütteln, ihn sogar handgreiflich kritisieren (weil er sich aus ihrer Sicht ausgesprochen dumm verhält). Aber: „Warum?" fragen sie nie.

Warum? Weil sie uns und unsere Welt – trotz Kritik ab und zu – so akzeptieren, wie wir sind. Und das ist ja wohl auch das Geheimnis der uralten Mensch-Hund-Beziehungskiste: Hunde reden, fragen, kritisieren. Aber eine Begründung, eine Rechtfertigung für unser Verhalten, das verlangen sie von uns nicht.

Diese „Großzügigkeit" uns gegenüber aber sollten wir nicht missverstehen. Wer lügen, helfen, lehren, vergleichen, planen, sich anpassen, sich einfühlen, sich mitteilen kann, der muss auch „denken" können. Sicherlich: Hunde schreiben keine Opern, bauen keine Brücken, lernen keine Telefonbücher auswendig und fragen auch nicht immerzu: „Warum?" Aber sie haben eine hohe soziale Intelligenz. Und die sollten wir Menschen – schon in unserem eigenen Interesse – fördern und nutzen – und nicht immerzu kleinreden.

Ein altes Sprichwort sagt: „Der Hund ist der sechste Sinn des Menschen." Und der Primatenforscher Dietrich Simons schrieb

Hunde können „nachdenken" und sich dann ganz anders entscheiden. (Foto: Ulrike Schanz)

1984: „Der Mensch ist das einzige Wesen, das seine geistige Leistungsfähigkeit immer wieder überschätzt. Und einer der zahlreichen Gründe, warum er das tut, liegt darin, dass er den Bezug zum Sozialen unterschätzt", darin, dass er sich selbst für superschlau hält und alle anderen für dumm. So etwas Dummes aber würde einem Hund nie passieren.

Die Intelligenz der Hunde

„Alle Haustiere haben bis zu 30 Prozent weniger Gehirn als ihre gleich großen wild lebenden Verwandten", so lautet die altbekannte Aussage der Haustierforscher. Und sie verwundert uns überhaupt nicht, wenn wir dabei an die übliche Tierhaltung der Viehzüchter denken. Das Gehirn wächst nämlich bei allen Säugetieren erst nach und nach aus, und es wächst nur dann, wenn es Anregungen, Reize von außen bekommt, die es verarbeiten und beantworten soll. Wer rastet, der rostet – vor allem im Gehirn. Das ist bei Menschen, Schweinchen, Stallhasen, Hunden gleich.

Aber das Gehirn wächst nicht endlos: Jede Art hat ihr artspezifisches Gehirn, die eine ein größeres, die andere ein kleineres.

Und selbst innerhalb der Arten gibt es eine große angeborene Streubreite. Beim Menschen zum Beispiel sind Abweichungen vom Mittel um 30 Prozent mehr oder weniger absolut normal. Aber diese Abweichungen haben mit der Leistungsfähigkeit des Gehirns nichts zu tun. Wichtig für die Leistungsfähigkeit des Gehirns ist nicht die absolute Größe, wichtig ist der Aufbau, die Organisation der grauen Massen. Das ist beim Gehirn genauso wie beim Computer: Was nützt mir der leistungsfähigste PC, wenn ich darauf doch nur Moorhuhnjagd spielen will? Was nützt er mir, wenn ich ihn mit fest installiertem Kleinkram so vollgepackt habe, dass er mir schon beim Befehl „Seitenansicht" abstürzt?

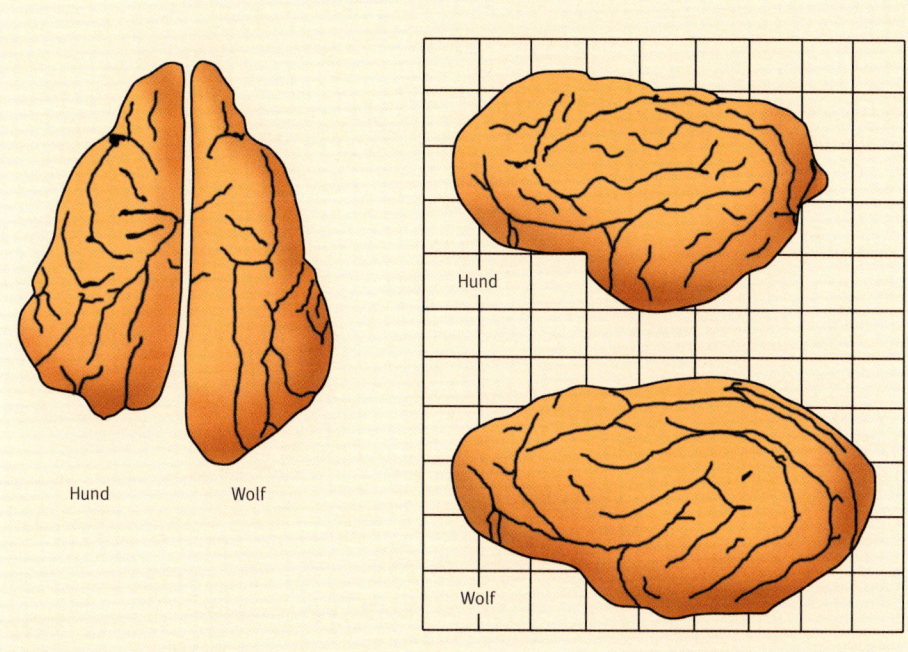

Hund Wolf

Hund

Wolf

Das Hundehirn ist nicht einfach „nur" kleiner als das Wolfshirn, es ist kompakter und – anders.

Viel Hirn ist also nicht gleichbedeutend mit viel Intelligenz, und wenig Hirn ist nicht gleich Dummheit. Beim Menschen beispielsweise haben die Neugeborenen das relativ größte Gehirn. Das Gehirn eines Babys wiegt zehn Prozent des Körpergewichts und hat im Alter von sechs Jahren schon 90 Prozent seines Endgewichts erreicht.

Ausgereift und voll funktionsfähig ist das menschliche Gehirn aber erst nach 25 Jahren, und dann beträgt es in seiner vollen Größe nur noch zwei Prozent der Körpermasse. Genau die gleiche auf das Körpergewicht bezogene relative Endgröße des Gehirns aber (zwei Prozent) finden wir auch bei Mäusen.

Nein, viel ist nicht viel und gleich ist nicht gleich. Wichtiger als die relativen Gewichte ist der Aufbau: die Furchung beziehungsweise Kompaktheit des Gehirns, die Verteilung und Größe der vier spezifischen Funktionsgebiete (Optik, Sensomotorik, Akustik und Geruch) und die „weißen Zonen", die großen, schnell zugänglichen „Arbeitsspeicher", die alles verarbeiten können. Und dieser bei jeder Säugetierart andere Aufbau ist dann verantwortlich für unterschiedliche, „andere" Intelligenzen.

Von allen Hundeartigen, die man bisher untersucht hat, haben die europäischen Nordwölfe das größte Gehirn, bezogen auf die Körpermasse. Ihnen folgen die Südwölfe aus Vorderasien, die Kojoten aus Nordamerika, die afrikanischen Schakale. Und unsere Haushunde gruppieren sich – rasseabhängig – irgendwo zwischen Schakalen und Südwölfen ein. Der große Nordwolf ist also eigentlich „der King". Doch weltweit sind die Wölfe auf dem Rückzug – trotz aller Wolfsschutzmaßnahmen der Menschen.

Weltweit sind die kleinhirnigen Schakale und Coyoten auf dem Vormarsch und erobern sich täglich neue Areale – trotz heftiger Gegenwehr der Menschen. Und von dem weltweiten Siegeszug unserer Haushunde als Mitläufer und Mitesser wollen wir gar nicht reden.

Was also hat ein Hund, was ein Wolf nicht hat? Und was hat ein Wolf, was ein Hund – offensichtlich – gar nicht braucht?

Wölfe sind die Weltmeister im Gucken und Reagieren. Ihr Hinterhauptlappen des Großhirns, in dem die optischen Orientierungen gespeichert und verarbeitet werden, ist enorm und liegt direkt benachbart neben dem Scheitellappen, in dem die Sensomotorik, die körperliche Geschicklichkeit, ihren Platz hat. Das heißt: Wölfe sind absolute Augentiere: Sehen, erkennen und sofort ganz schnell und geschickt reagieren, das ist bei ihnen ein und dasselbe.

An Wölfen gemessen sind unsere Hunde fast „blinde Hinkel". Aber sie machen diese „Behinderung" wett: Hunde haben nämlich einen deutlich größeren Schläfenlappen, in dem die akustische Orientierung festgemacht ist: das Verständnis für Geräusche, Töne, Lautfolgen, Musik.

Das heißt: Hunde hören zwar, absolut gesehen, nicht besser als Wölfe, aber sie können mit dem, was sie hören, mehr anfangen. Und da dieses Zentrum der akustischen Orientierung ganz nah beim Stirnlappen, dem Stirnhirn, liegt, können sie diese akustischen Informationen auch ganz leicht verbinden mit planvollem, absichtlichem Handeln.

Das Stirnhirn ist entwicklungsgeschichtlich gesehen der modernste Teil des Großhirns. Hier liegen jene Assoziationszentren, die alle ankommenden Informationen miteinander vergleichen, überprüfen und beantworten, die planvolles und umweltbezogenes Handeln erst möglich machen. Kein Wunder, dass der Mensch von allen Tieren das größte Stirnhirn hat. Auffällig, und wohl nicht zufällig, dass ausgerechnet unser Haushund von allen Hundeartigen das größte hat.

Und dieses hundetypische Stirnhirn kann man, ohne Anatom zu sein, sogar von außen sehen: Verglichen mit Wölfen, Kojoten, Schakalen haben Hunde eine deutlich breitere, deutlich höhere Stirn, die sich häufig genug noch mit einem markanten Stop vom Schnauzenteil absetzt.

Wölfe sind extrem geschickte Augentiere: Sie haben von jedem Ding in ihrer Umwelt lauter gestochen scharfe Fotos im Kopf und vergleichen dann jedes neue mit jedem schon gemachten alten. Sie vertun sich nie, verwechseln nichts und erkennen alles (sichtbare) Neue sofort.

Weshalb sie ja wohl untereinander auch – im Gegensatz zu Hunden – mit jener so typischen, fast schon grimassierenden Mimik reden. Aber: Neue Geräusche sind für sie nur Lärm, nur Stress, dem sie sich erst einmal entziehen, um ihn und seinen Verursacher aus sicherer Entfernung zu beäugen und ihrer Fotosammlung einzufügen.

Auch Hunde machen immerzu Moment-
aufnahmen von ihrer Umwelt und vergleichen die miteinander. Aber sie haben nicht
die Hochleistungskamera der Wölfe: Ihre
Fotos sind immer etwas verwackelt, un-
scharf.

Hunde können sich irren. Aber diese Un-
schärfe hat auch Vorteile: Ein Hund kann in
jedes Neue auch etwas schon Bekanntes
hineinsehen. Das Neue ist für ihn also kein
Schreck an sich: Es macht ihn neugierig
und veranlasst ihn, alle anderen Sinnessy-
steme zur Hilfe zu rufen.

Ein Wolf, der plötzlich etwas Neuem ge-
genübersteht, sucht erst einmal das Weite,
packt seine Superleistungskamera aus und
macht dann eine Fotoserie aus sicherer
Entfernung. Wölfe sind scheu, sagt man. Ein
Hund, der plötzlich auf etwas Unbekanntes
stößt, hält auch erst einmal Distanz.

Da ihm aber seine Kamera bei Fernauf-
nahmen nicht viel nützt, bleibt er in der
Nähe und schaltet zunächst seinen Ge-
ruchssinn ein. Gibt der nicht genügend Informationen, geht er auf den akustischen
Kanal über und fordert das Ding zum Laut-
geben auf.

Gibt das fremde Ding dann immer noch
keine eindeutige Antwort, setzt er den Tastsinn ein, stupst, rempelt, knapst. Und wenn
das Ding dann immer noch stumm bleibt,
stellt jeder Hund der Welt die Frage, die jeden Hund auf der Welt am meisten interessiert: „Schmeckt das?"

Ja, Wölfe sind die besseren Jäger und in
Bezug auf optische Orientierung und körperliche Geschicklichkeit jedem Hund
überlegen. Aber: Hunde sind die besseren
Überlebenskünstler. Ihre akustische Orien-

Ein unbekanntes Wesen wird von Welpen inspiziert –
mehr oder weniger interessiert. (Foto: IPO)

tierung versetzt sie in die Lage, auch art-
fremde Nichthundesprachen zu verstehen.
Und ihr geräumiges Stirnhirn bietet Platz
genug für einen leistungsfähigen „Arbeitsspeicher", der alle Sinnesinformationen ab-
checkt, überprüft und in Beziehung bringen kann.

Nein, das Hundehirn ist kein durch die
Domestikation verkleinertes Wolfsgehirn.
Es ist anders. Gucken und handeln, das ist
für einen Wolf eins. Und wenn er jetzt und
im Moment nicht handeln kann, dann gerät
er in Panik.

Gucken, überprüfen und dann – vielleicht und im rechten Moment – handeln,
das ist die Devise der Hunde. Und diese Devise hat sie zum fittesten, nämlich angepass-
testen und damit erfolgreichsten Vertreter
der Familie der Hundeartigen in unserer
immer dichter bevölkerten Welt gemacht.

DIE FRÜHE SOZIALISATION

Neugeborene Hunde sind viel mehr noch als Menschenbabys physiologische Frühgeburten. Sie kommen völlig hilflos, blind und taub zur Welt. Sie können noch nicht einmal selber „in die Windeln machen", und ihr Gehirn ist gerade nur als Ansatz, nur als Potenz vorhanden. Aber auch wenn es so aussieht, als würden sie nichts anderes tun als schlafen und trinken, ihr Gehirn wächst:

Zuerst werden die Verbindungen vom Stammhirn zur Hirnrinde hergestellt und die primären Felder des Großhirns ausgebaut: Fühlen, riechen, schmecken, Wärme und Kontakt suchen, Kälte und Schmerz meiden.

Zwei Wochen später öffnen sie die Augen, reagieren auf Geräusche und beginnen ihre Beinchen zu gebrauchen. Hinterhauptslappen und Scheitellappen wachsen jetzt und werden „verdrahtet". Wenn sie dann im Alter von drei Wochen auf wackeligen Beinen und nur ganz kurz ihr warmes Nest verlassen, beginnt auch ihr Schläfenlappen zu „arbeiten": Sie beginnen Geräusche zu verstehen, Gesichter zu erkennen, ihre Umgebung auszukundschaften und im Gedächtnis abzuspeichern. Noch einmal zwei, drei Wochen später wird dann auch ihr Stirnhirn aktiviert und beginnt alle Sinneseindrücke miteinander zu vergleichen, zu bewerten und – zu planen. Und im Alter von etwa vier Monaten ist das Gehirnwachstum bei Hunden so gut wie abgeschlossen.

Gleichaltrige Welpen können in ihrer Entwicklung Welten auseinander sein, je nachdem, wie ihr Leben bisher aussah. (Foto: INFOHUND Eva-Maria Krämer)

Diese Entwicklungsphasen sind bei allen Hunden gleich. Trotzdem kann man schon im zarten Alter von acht Wochen deutliche Wesens- und Intelligenzunterschiede bei Hunden erkennen: Der eine ist fast schon stubenrein und hat seine Umwelt fest im Griff, der andere erschrickt wie ein drei Wochen alter Welpe vor jedem unbekannten Geräusch und kann mit seinem Namen absolut nichts anfangen. Warum?

Weil das Gehirnwachstum bei Hunden wie bei Menschen nicht nur ausschließlich genetisch bestimmt ist: Das Gehirn wächst nicht einfach so vor sich hin. Es wächst mit den Anforderungen, mit den Anregungen, die an es gestellt werden: Das Gehirnwachstum ist abhängig von Umwelteinflüssen.

Neugeborene Welpen sind Tasttiere. Das Einzige, was sie wahrnehmen können und immer wieder suchen, ist die Nähe und Wärme der anderen. Das Einzige, was sie aktivieren können, ist der Tastsinn in Zunge und Pfötchen und ein empörter Notschrei, wenn sie den Kontakt zu den anderen verloren haben. So bleiben sie zwei Wochen lang eng beisammen im warmen Nest, schlafen, belecken und bepföteln alles, was ihnen unter die Finger kommt – und lernen dabei: Das eine gibt Milch, das andere nur Wärme, das eine schmeckt süß, das andere salzig und jedes riecht ein bisschen anders.

Neugeborene Welpen sind keine Schlaftiere, die nur ihre Mutter und ihre Ruhe brauchen. Neugeborene Welpen lernen im Schlaf. Und je unterschiedlicher die Sinneseindrücke sind, die sie – auch im Schlaf – aufnehmen und verarbeiten, desto mehr Nervenbahnen werden in ihrem Gehirn angelegt, desto mehr Verbindungen werden geschaltet.

Drei Wochen lang bleiben die Kleinen im Nest und lernen dort, erst über Tasten, Schmecken, Riechen, dann auch über Sehen, Hören und Ausprobieren, ihre nächste Umgebung kennen. Dann zieht es sie – den Mutigsten vorweg – hinaus. Mit sechs Wochen kennt ein Welpe seine kleine Welt und jedes Rudelmitglied einzeln. Er hat gelernt (und im Hirn abgespeichert), dass jeder anders aussieht, anders spricht, sich anders bewegt, sich anders benimmt. Und er hat gelernt, wie man mit diesen Andersartigkeiten sicher zurechtkommt. Und genau zu diesem Zeitpunkt beginnt die wichtigste, die kritischste Zeit in der Entwicklung jedes Welpen:

Die Neugier und die Unternehmungslust der Kleinen sind auf einem Höhepunkt angelangt. Aber die Mutter beginnt, sie abzustillen, sich langsam zurückzuziehen. In einem natürlichen wild lebenden Hunderudel würde jetzt der Vater, die Tante, der Onkel die Kleinen übernehmen, ihnen die große, weite Hundewelt zeigen, und die Kleinen würden ihm oder ihr folgen – voller Urvertrauen und mit Begeisterung. Im gemischten Mensch-Hund-Rudel muss jetzt ein den Welpen schon lange vertrauter Mensch das Welpenrudel übernehmen und ihm die Menschenwelt zeigen.

Und wenn er das mindestens zwei Wochen lang liebevoll und aufmerksam getan hat, dann haben die Kleinen auch das Programm „Menschenwelt" eingespeichert, dann sind sie fähig und bereit, sich auch einem bis dahin ganz unbekannten Menschen anzuschließen und mit dem gemein-

Ein guter Züchter ist vom ersten Tag an ständig mit den Welpen zusammen und fördert sie. (Foto: Ulrike Schanz)

sam die Welt zu erobern. Bis sie mit etwa vier Monaten (die großen Spätentwickler sogar erst mit acht Monaten) in ihre „Fremdelphase" kommen, ab der dann die alten Programme nur noch ausgebaut und aktualisiert, aber keine neuen mehr eingespeichert werden.

Ein guter Züchter weiß das. Er verlässt sich nicht auf die Natur oder das Motto: „Mutter wird's schon richten." Er hockt vom ersten Tag an mit im Welpennest, bietet den kleinen Tasttieren seine Nähe, seine Wärme, lässt sich bepföteln, spricht mit den noch tauben Wänsten.

Er zieht seine Welpen an einem geschützten Platz mitten in seiner Wohnung auf. Und ehe die Welpen noch anfangen,

von sich aus ihre Welt zu erkunden, kennen sie schon die Geräusche und Bewegungen der Menschenwelt und haben den Menschen als engstes Rudelmitglied mit eingebunden. Ein guter Züchter weiß auch, dass die sechste bis achte Woche die kritischste, die sensibelste Zeit ist: In dieser Zeit wird die primäre Sozialisation (Anpassung an das Ausgangsrudel) abgeschlossen. In dieser Zeit wird die so haushundtypische sekundäre Sozialisation (Anpassung an das Menschenrudel) vollzogen, die das problemlose Zusammenleben von Mensch und Hund überhaupt erst möglich macht:

Hunde, die vor der sechsten Woche aus ihrem Nest geholt werden, verstehen die Hundekörpersprache schon bald nicht mehr.

Hunde, die Menschen und die Menschenwelt bis zur achten Woche nicht kennen gelernt (und abgespeichert) haben, die lernen den Umgang mit Menschen und der Menschenwelt nur noch mühsam und teilweise, sie scheuen vor allem Fremden, und sie bleiben, weil ihre Scheu größer ist als ihre Neugierde, immer „dumme" Hunde.

Das hat allerdings mit Prägung, wie so häufig gesagt wird, nichts zu tun. Säugetiere (auch Hunde) sind nicht einmal und dann für alle Zeiten prägbar wie Geldmünzen oder Graugänse. Das ist – wenn schon – eine negative Prägung: Das, was da war, kann wieder gelöscht, vergessen werden. Aber das, was nicht da war, das wird nachträglich auch nicht mehr „eingespeichert".

Kann man also Intelligenz bei Hunden „herstellen"? – Ja, man kann. Und man tut's: Der Züchter tut's – so oder so – in den ersten, sensibelsten acht Wochen des Hirnaufbaus beim Welpen. Der Halter tut's – so oder so – in den zweiten acht Wochen.

Kluger Hund – dummer Hund, das bestimmen nicht ausschließlich die Gene. Das bestimmt die Umwelt mit: Ein Hund, der sich in den ersten vier Monaten seines Lebens frei und ohne Angst bewegen durfte und lernen konnte, das wird ein kluger Hund. Ein Hund, der die ersten vier Monate nur im Zwinger verbrachte, das ist und bleibt ein dummer Hund – egal wie viel Mühe sein Halter sich später auch gibt.

DIE MOTIVATION

Viele Hunde arbeiten mit Begeisterung, wenn sie zur Belohnung ein besonderes Spielzeug bekommen, aber eben nicht alle. (Foto: IPO)

Frau C. brachte aus dem Spanienurlaub die kleine Mancha mit, einen Windhund-Mix vom Straßenrand. Zunächst lief alles wunderbar. Und Frau C., selbst begeisterte Agility-Sportlerin, schloss sich deshalb schon bald einem Hundesportverein an. Doch kaum war Mancha erwachsen, da hatte sie kein Interesse mehr am Durch-den-Reifen-Springen und Über-die-Wippe-Laufen. „Belohnen Sie sie mit einem Spiel hinterher", sagte man im Verein. „Alle Hunde spielen gern." Doch Mancha hatte kein Interesse an Spaß und Spiel. „Locken Sie sie mit einem Ball, einem Beißtau, Bringholz, das sie jagen, schütteln und apportieren darf – alle Hunde jagen gern." Doch Mancha hatte kein Interesse am Motivationsobjekt. Mancha hatte nur Interesse an frei laufenden Vierbeinern, und am liebsten jagte sie Rotti-Welpen und ausgewachsene Yorkie-Damen.

„Wieso hört sie nicht? Warum kann ich sie zu nichts mehr motivieren?", fragte Frau C. Und die Antwort war eigentlich ganz einfach: Frau C. verwechselte Motivation mit Animation.

Animation nennt man jene Verfahren, mit denen man per Trickfilm oder PC unbewegten Objekten Bewegung verleiht, ihnen „eine Seele (anima) einhaucht". Animator heißt deshalb auch jener Mensch, der im Feriendorf die unbeweglich am Pool herumhängenden Leute in Bewegung bringen soll. Aber Leute animieren ist viel schwieriger, als Trickfilme herzustellen: Touristen sind nämlich nicht wirklich unbewegt, seelenlos. Touristen sind beseelt, sie haben Motive, Pläne, Stimmungen. Und deshalb muss ein Animator seine Leute nicht nur animieren (in Bewegung bringen), er muss sie motivieren, also etwas vorschlagen, was derjenige, der in Bewegung kommen soll, gerne macht.

Motivation, sagen die Psychologen, ist die Gesamtheit all der Stimmungen, die das Verhalten des Einzelnen aktivieren, richten und regulieren. Und diese Stimmungen sind abhängig von der ganz persönlichen körperlichen und geistigen Befindlichkeit des Einzelnen und seiner momentanen Umwelt. Auch Hunde sind keine seelenlosen, unbewegten Objekte. Auch Hunde haben Stimmungen, Vorlieben, Launen, Moti-

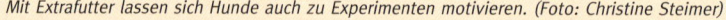

Mit Extrafutter lassen sich Hunde auch zu Experimenten motivieren. (Foto: Christine Steimer)

ve: Ein satter Hund hat andere Motive als ein hungriger, ein alter andere als ein junger, und ein Rüde auf Freiersfüßen kennt nur noch eins: die läufige Hündin.

Doch die Motivlage unserer Hunde ist nicht nur von ganz persönlichen und umweltbedingten Faktoren abhängig. Sie ist auch abhängig von dem angeborenen Wesen: Ein Hund mit hoher Reizschwelle und niedrigem Beutetrieb (etwa ein Lagerhund), den kann man mit Apportierspielchen nicht locken. Einem Hund mit einem weichen Maul (Jagdhund) braucht man Zerrspiele erst gar nicht anzubieten. Und ein echter, ernsthafter Sichthetzer (Windhund), der gucken, hetzen und fassen will, der hat weder am Stöckeapportieren noch am Tauziehen Interesse.

Bei uns zu Lande ist man dann ganz schnell mit Zensuren zur Hand und sagt: Windhunde sind dumm, Schlittenhunde kann man nicht erziehen, Jagdhunde sind sensibel, Rattler sind größenwahnsinnig und Lagerhunde sind stur. Und der einzige Hundetyp, der wirklich intelligent ist und der alles kann, das ist der Schäferhund: bewegungsfreudig, arbeitsfreudig und den Blick immer auf den Herrn gerichtet.

Aber auch die Intelligenz der Schäferhunde hat Grenzen: Zur Flächensuche, in weiter Flur ganz auf sich allein gestellt und ohne menschliche Hilfe, eignen sie sich nicht. Ein Schäferhund würde zwar den Befehl „Such" sofort verstehen und ausführen. Aber genau an dem Platz, an dem er den Blickkontakt zu seinem menschlichen Kumpan verliert, bleibt er stehen und wartet. Und wenn er gelernt hat, auf „Fass" anzugreifen und auf „Aus" loszulassen, dann

Lob, ehrliches, begeistertes Lob, ist noch immer die beste Motivation. (Foto: Ulrike Schanz)

ist es ihm ziemlich egal, wer den Befehl gibt. Dann reagiert er auch auf die Befehle des nächtlichen Einbrechers. Dann benimmt er sich „dümmer" als jeder „dumme" Rattler oder Lagerhund, der – wie ja jedermann weiß – „unfähig" ist, den Befehl „Aus" zuverlässig zu lernen. Sind Hunde also eigentlich doch „dumm"? Nein. Sie haben nur andere, hundebestimmte Motive. Nehmen wir nur das Beispiel Fressen:

Belohnen durch Leckerbissen, das ist die wohl verbreitetste Form der „Motivation" bei Hunden. Aber Leckerli ist nicht gleich Leckerli. Und Hund ist nicht gleich Hund. Jedes Leckerli hat nämlich für jeden Hund eine andere Valenz, eine andere Wertigkeit, einen anderen Aufforderungscharakter: Der eine frisst, weil Fressen sein Lebensinhalt ist, aber er erlebt das nicht als Belohnung, sondern als sein Anrecht. Der andere möchte jeden Tag Festtagsbraten, und kriegt er das nicht, dann lohnt sich aus seiner Sicht auch keine Anstrengung.

Deshalb gibt es ja heute auch Hundeschullehrer, die sagen: „Hört auf damit, euren Hunden täglich einen vollen Napf hinzustellen. Gebt ihnen das Fressen nur noch als Belohnung zwischendurch und aus eigener Hand."

So Recht diese Lehrer auch bei der Mehrzahl der Hunde hätten, sie vergessen, dass es Hunde gibt, für die hat Fressen nur eine ganz, ganz geringe Valenz: Für diese Hunde ist Aufpassen, Bereitsein das wichtigere Motiv. Sie empfinden Fressen eher als eine lästige Ablenkung. Und die einzige Belohnung, die sie akzeptieren und die sie motiviert, ist: Lob, Lob, Lob, aus vollem Herzen – aber so, dass es sie in ihrer Arbeit nicht stört.

Ob ein Hund alles kann oder nicht, das hängt also nicht so sehr vom Hund ab. Das

Ein Welpe, der allein die Welt erkundet, wird dadurch nicht automatisch intelligent. (Foto: Christine Steimer)

hängt vor allem vom Halter ab: Verlange ich von meinem Hund nichts ihm Unmögliches, verstehe ich seine Motivationslage, bin ich fähig und in der Lage, ihn nicht nur zu animieren (sich zu bewegen), sondern ihn zu motivieren (sich gerne und aus eigenem Antrieb zu bewegen), dann kann und wird er seine angeborenen Fähigkeiten entwickeln, dann wird er mit der Zeit ein „schlauer" Hund.

DER LEHRER

Intelligenzforscher testeten Mäuse im Irrgarten und züchteten an Hand der Testergebnisse zwei unterschiedliche Stämme: die Dummen und die Intelligenten. Dann setzten sie die (angeborenerweise) Intelligenteren in eine reizarme, langweilige Umgebung und die (ererbtermaßen) Dümmeren in ein reizvolle, anregungsreiche Umgebung und testeten nach einiger Zeit beide Stämme wieder im Irrgarten. Und siehe da: Die Dümmeren waren intelligenter geworden, die Intelligenteren aber dümmer. Die Dümmeren konnten zwar den Leistungsstandard der Intelligenteren nicht erreichen, aber die Intelligenteren hatten doch viel verloren und sich den Dümmeren fast angeglichen.

Intelligenz ist also eine Eigenschaft, die zwar angeboren ist, die aber erworben, geübt werden muss, immer wieder und täglich neu. Und wie groß dieser Einfluss des täglichen Übens ist, das untersuchten Intelligenzforscher an Adoptivkindern:

Sie testeten die leibliche Mutter, die Adoptivmutter und das Adoptivkind. Und sie fanden heraus, dass das tägliche Üben deutlich wichtiger ist als die angeborene Fähigkeit: Hatte die leibliche Mutter einen IQ-Wert von 90 und die Adoptivmutter einen von 120, dann pendelte sich das Adoptivkind nicht auf den statistischen Mittelwert von 105 zwischen beiden ein. Nein, es erreichte einen IQ von 114. Das heißt, es konnte zwar die Adoptivmutter nicht einholen, aber es glich sich ihr doch ganz gewaltig an.

Wir sehen: Intelligenz ist nicht nur abhängig von einer motivierenden, zum Gebrauch der Intelligenz anregenden Umwelt. Sie ist auch abhängig vom Erzieher. Und auch diese Abhängigkeit haben Intelligenzforscher untersucht:

Man nahm eine ganz normale Schulklasse, teilte sie rein zufällig in zwei Gruppen und übergab jede Gruppe einem Lehrer. Dem einen Lehrer sagte man: „Hier hast du die Intelligenten", dem anderen sagte man: „Tut uns Leid, aber du hast hier nur die Dummen." Und schon nach kürzester Zeit hatten sich diese falschen Zuschreibungen bewahrheitet: Die willkürlich als schlau bezeichneten Schüler machten enorme Fortschritte, die angeblich dummen verloren bald den Anschluss.

Intelligenz ist also von dreierlei Faktoren abhängig:

- von den angeborenen Fähigkeiten, die mehr oder weniger intelligentes Handeln ermöglichen,
- von einer anregenden Umwelt, die intelligentes Handeln herausfordert, und
- von der Erwartungshaltung des Erziehers, der mehr oder weniger Intelligenz einfordert.

Und das gilt nicht nur für Menschen und Mäuse. Das gilt auch für den ganz normalen Haushund: Auch Hunde kommen mit angeborenen Fähigkeiten auf die Welt, die sie von ihren Eltern geerbt haben. Diese Fähigkeiten sind teils typisch Hund, teils rasseabhängig, teilweise aber auch ganz persönlich.

Das heißt: Jeder Hund ist anders, jeder entwickelt sich anders, und mitunter sind die Unterschiede zwischen den Wurfgeschwistern schon bald deutlicher als die zwischen unterschiedlichen Rassen. Aber Hunde unterscheiden sich nicht nur im Charakter oder im Temperament. Es bringt auch jeder für sich seine ihm eigene Intelligenz mit. Und die kann (und sollte) der Halter vom ersten Tag an fördern.

Aus dem acht Wochen alten neugierigen Welteroberer wird nicht unbedingt und von ganz allein ein intelligentes Kerlchen: Es kann aus ihm auch ein echter Hampelmann werden, der sich auf nichts mehr konzentriert, nur Dummheiten im Kopf hat und sich und andere immer und immer in Gefahr bringt – falls sein Mensch nicht rechtzeitig eingreift, ihn sinnvoll beschäftigt und ihm beibringt, dass Abwarten nicht dasselbe ist wie Langeweile. Und der Acht-Wochen-Welpe, der nach außen hin wie die geborene Schlaftablette wirkt, muss kein dummer Hund werden, im Gegenteil: Er kann sich auch zu einem von den ganz Schlauen entwickeln, die sich nicht unnötig „verpulvern" und jede Aktivität genau und erfolgreich planen. Man muss ihm nur Zeit lassen, ihn locken und loben, ihm Anregungen bieten, ihn motivieren – sonst zieht er sich irgendwann zurück und wird „dumm".

Wer davon ausgeht, dass sein Hund etwas schafft, und ihn darin bestärkt, wird in der Regel erleben, dass er es wirklich schafft. (Foto: Christine Steimer)

Wie motiviere ich meinen Hund? Um diese Frage hat sich inzwischen eine ganze Industrie entwickelt, die die schönsten Motivationsobjekte (MO) herstellt und empfiehlt: „Such dir das MO aus, das dein Hund am liebsten hat, und präsentiere es ihm, wenn du ihn motivieren willst."

Aber: Brauche ich wirklich ein MO, um meinem Hund das Bei-Fuß-Gehen beizubringen? Brauche ich ein MO, um meinen Hund zu einem gemeinsamen Spiel zu motivieren?

Nein, das brauche ich nicht: Wenn ich davon ausgehe, dass mein Hund ein kluger Hund ist – dann lernt er bei Fuß zu gehen fast von alleine. Ganz einfach deshalb, weil ich es verlange, weil ich auf jeden Ziehversuch mit einem überzeugten „He, was soll das, du bist doch nicht blöd" reagiere, weil ich auch auf dem 350. Spaziergang sein Mitwandeln immer wieder mit einem stolzen „Klasse machst du das" quittiere. Weil ich es von ihm erwarte.

„Ich selber bin ziemlich blöd – aber ich habe lauter intelligente Helfer", dieses Motto hatte der aufstrebende Jungunternehmer an seine Bürotür gepinnt. Und innerhalb kurzer Zeit hatten seine stolzen Helfer aus dem kleinen Unternehmen eine überregionale Marktgröße gemacht. Denn: Das beste Motivationsobjekt ist immer der Chef selbst, seine Motivation, seine Kommunikationsbereitschaft, seine Erwartungshaltung. Ernennen Sie Ihren Hund also zu Ihrem intelligenten Helfer, tragen Sie ihm kleine Fehler nicht nach, aber loben Sie ihn, immer und immer wieder: Er wird von ganz allein nur sein Bestes geben.

Übrigens: Wie groß der Einfluss Ihrer eigenen Erwartungshaltung ist, können Sie sich mit dem Gießener Hunde-Intelligenz-Test selber experimentell beweisen: Machen Sie den Test mit Ihrem Hund einmal hoch motiviert und unter dem Motto: „Pass auf, das schaffst du alles!" Und machen Sie ihn zwei Wochen später noch einmal, ganz unmotiviert, lustlos und unter dem Motto: „Das schaffst du ja sowieso nicht." Sie werden sehen: Sie haben zwei Hunde in einem – einen intelligenten und einen dummen.

INTELLIGENZ – WIE MISST MAN DAS?

Als Stanley Corens Buch *Die Intelligenz der Hunde* erschien, geriet die Hundewelt sofort in helle Aufregung: Coren hatte dort nämlich eine „Rangfolge der Rassen nach Gehorsams- und Arbeitsintelligenz" veröffentlicht. Und Klügster von allen war nicht unser Alleskönner, der Deutsche Schäferhund, sondern Klügster war der Border Collie, gefolgt vom Pudel. Und am Ende der Liste standen die Dummen: der Old English Mastiff, der Chow-Chow, der Afghane.

Die Aufregung hierzulande war groß. Dabei basierte das Ganze nur auf einem Übersetzungsfehler. Obedience heißt auf Deutsch: Gehorsam. Ja. Aber Obedience ist auch eine beliebte Art von Hundesport in Amerika: Mensch und Hund bewegen sich über den Platz, und die Schrittfolgen und Wendungen werden von einem Trainer oder Steward von außen her angesagt. Bei diesem Mensch-Hund-Ballett aber haben natürlich die verspielten Trippler bessere Karten als die großrahmigen Geradeausläufer und die ernsthaften „Arbeiter".

Doch Coren veröffentlichte nicht nur seine missverständliche Rangliste der „best working dogs in obedience". Er veröffentlichte auch einen „IQ-Test für Hunde"! Keine Frage: Den musste ich an meinen dreien sofort ausprobieren.

Also los und die Hündin durfte beginnen: Ich zeigte ihr das Leckerli – Freude. Ich legte es auf die Erde – noch größere Freude. Ich deckte es mit einer Dose zu – den enttäuscht-genervten Blick, den sie mir zuwarf, werde ich nie vergessen. Ich habe nämlich zu Hause eine feste Regel eingeführt: Alles, was mit einem Deckel zugedeckt ist, ist für Hunde tabu! Und da die Hündin meine selbsternannte Vertreterin auf Erden war, legte sie sich wacheschiebend daneben und beschützte das Leckerli noch zwölf Stunden später gegen die beiden Rüden. Ich zog also Aufgabe Nr. 6, „Leckerli unter Handtuch", vor und holte nur den Superrüden. Der schnuffte kurz

Für dieses Intelligenzspiel benötigen Sie drei Schüsseln. Zeigen Sie Ihrem Hund ein Leckerli ...

... verstecken Sie es unter einer der Schüsseln, während der Hund zuschaut ...

... und fordern Sie ihn auf, das Leckerli zu holen.
(Fotos: Christine Steimer)

und startete zum Frontalangriff: Man muss ja nicht mühsam unten drunter suchen, man kann ja auch, ritsch-ratsch, den blöden Stoff zerreißen.

Kurz gesagt: Nach dem Test von Corens IQ-Test für Hunde fühlte ich mich genauso wie der eben noch stolze Afghanen-Halter, der gerade Corens Rangliste der Arbeits- und Gehorsamsintelligenz gelesen hat.

Ich suchte also weiter und fand vergleichende Intelligenztests aus Amerika: Wölfe und Hunde sollten sich verstecktes Futter holen – und die Wölfe waren bei dieser Art von Problemstellung immer besser als die Hunde. Womit, so Frank und Frank (1985), wieder einmal bewiesen wäre, dass Domestikation „dumm" macht und Wölfe „klüger" sind als Hunde. Nein, sagt Jozsef Topal aus Ungarn (Topal et al., 1997), Hunde leben in ganz anderen Beziehungen zu Menschen als Wölfe. Hunde sind in ihren Beziehungen eher den Menschenaffen vergleichbar:

Auch Gorillas, die man zum Futtersuchen oder zu anderen Problemlösungen aufforderte, warteten erst einmal ab, ob ihnen nicht der zuständige Mensch – wie üblich – zu Hilfe käme, ehe sie – wenn überhaupt – anfingen, ihr Problem selbstständig zu lösen.

Topal legte seinen menschlichen Probanden also erst einmal einen Fragebogen vor, der die Dichte der Mensch-Hund-Bindung erfassen sollte.

Dann ließ er seine 28 Mensch-Hund-Pärchen einzeln in einen fremden Raum, beobachtete sie und fand heraus, dass es drei Typen von Hunden gibt: die „Anhänglichen", die ihren Menschen nicht aus dem Blick ließen und ihm auf Schritt und Tritt folgten, die „Verspielten", denen das Spielen wichtiger war alles andere, die „Forscher", die erst einmal alles genauestens untersuchen mussten. Und diese drei Typen fanden sich dann auch in dem folgenden Futtersuchtest wieder:

Hunde, die an ihrem Menschen hängen, erwarten von ihm meist auch die Regelung aller Probleme. (Foto: IPO)

Die Anhänglichen blieben bei ihrem Menschen, übersahen das Futter und gingen erst hin, als ihr Mensch sie dazu aufforderte. Sie warteten aber, den Blick fest auf ihren Menschen gerichtet, immer darauf, dass der kam, ihr Problem löste und ihnen das Futter reichte – so wie das sonst üblich war. Zu den Anhänglichen gehörten vor allem die Hunde, die von ihren Menschen als vierbeinige Familienmitglieder angesehen und gehalten wurden

Die Verspielten hatten das Futter vorher zwar auch übersehen, aber nachdem ihr Mensch sie darauf aufmerksam machte, holte sich der eine und der andere doch ein Leckerli. Die Verspielten machten auch aus dem Test ein Spiel. Spielen war ihnen wichtiger als Fressen. Zu den Verspielten gehörten ausschließlich Hunde, die erst als Erwachsene zu ihren Menschen gekommen waren.

Die Forscher dagegen hatten von Anfang an nur die fremde Umgebung im Blick, den seltsamen Aufbau, aus dem man sich Futterbröckchen holen konnte. Als allerdings ihr Mensch sich aufmunternd einmischte: „Ja hol's dir!", da war ihr Interesse spontan erloschen, und alle ihre Aufmerksamkeit galt nur noch dem Experimentator. Zu den Neugierig-Misstrauischen gehörten vor allem Hunde, deren Halter zu ihrem Hund eine distanziertere Arbeitsbeziehung unterhielten.

Ob und wie schnell ein Hund bereit und in der Lage ist, ihm gestellte Probleme zu lösen, das hängt also offensichtlich in erster Linie von der Beziehung des Hundes zu seinem Menschen ab: Ein Hund, der zu Hause in gewohnter Umgebung für ein kleines Lob jedes Kunststück vollbringt, kann in fremder Umgebung ganz schnell zum „Dummerchen" werden. Ein Hund, dem die Spielbeziehung das Wichtigste im Leben ist, der bleibt beim Spiel: Fressen kann er ja nachher. Und ein Hund, der es gewöhnt ist, seinen Arbeitsbereich selbstständig zu verwalten, der tritt sofort ins zweite Glied zurück, sobald der Chef die Bühne betritt.

„Hannemann geh du voran, du hast die längeren Hosen an", das ist – aus Hundesicht – das Grundmotto jeder für beide Seiten einigermaßen zufrieden stellenden Mensch-Hund-Beziehung. Hunde sind keine „Selber-Macher", Hunde sind „Mit-Macher". Aber das Mitmachen muss Spaß machen.

Nachdem ich das begriffen hatte, lud ich meine Hunde wieder zum IQ-Test ein. Ich ließ alle strengen Vorschriften (an die sich die Hunde sowieso nicht hielten) beiseite, passte die Testaufgaben dem Temperament der Hunde an und lachte über Problemlösungen, die im Test nicht vorgesehen waren. Und aus all dem entstand – unter den gestrengen Augen professioneller Testkonstrukteure – ein neuer Entwurf für einen Intelligenztest für Hunde.

INTELLIGENZ-TYPEN

In der Zeitschrift Partner Hund, Ausgabe 12/2000, veröffentlichten wir den „Gießener Hunde-Intelligenz-Test" (kurz: GiHIT) für Hunde erstmalig. Und jeder, der Lust und Zeit hatte, konnte mit seinem Hund alle 18 Aufgaben ausprobieren und uns die Ergebnisse samt ausgefülltem Fragebogen zuschicken. 364 von oben bis unten vollständig ausgefüllte Protokolle kamen so zusammen. Die nahmen sich Testpsychologen an der Universität Gießen vor und kamen zu folgenden Ergebnissen:

Wirklich „dumme" Hunde gibt es nicht.

Alle Hunde der Stichprobe waren eher mehr als weniger intelligent. Das heißt: Es gab zwar nur ganz wenige Superschlaue, die alle Aufgaben lösten. Aber es gab keine Superdummen, die mit nichts zurechtkamen. Doch das ist nicht verwunderlich, die Halter haben sicher ein bisschen nachgeholfen.

Es gibt keine „intelligenten" und „dummen" Rassen.

Seit Coren seine Rangfolge der Rassen veröffentlichte, geistert so etwas wie eine „Bundesliga der Intelligenz" durch alle Köpfe. Aber: Die Experten konnten so eine Bundesligatabelle der Rassen nicht finden. Was sie fanden, war etwas ganz anderes:

Eine einzige Art von Intelligenz gibt es bei Hunden nicht.

Und dieser Befund bestätigt die Untersuchungen von Topal (siehe oben): Auch wir fanden drei ganz ähnliche Problemlösungsstrategien, die allerdings nicht wie bei Topal von der Art der Hundehaltung, sondern vom Grundcharakter der Hunde abhängig waren. Und deshalb können wir sagen:

Die Intelligenz der Hunde setzt sich aus drei unterschiedlichen Faktoren zusammen:

1. ANPASSUNGSFÄHIGKEIT

Ein Hund mit einem hohen Wert in der Skala „Anpassungsfähigkeit" hat seinen Partner immer im Blick, ganz nach dem Motto: „Was machen wir jetzt?" Er erkennt schnell, was der will, und passt sich flink und geschickt allen Gegebenheiten an: Er lässt sein Lieblingsspielzeug liegen, wenn es heißt: „Komm", vergisst das aber nicht. Er bugsiert den sperrigen Stock durch jeden Engpass, hört auf jeden Fingerzeig und findet den Leckerbissen unter der Dose sofort. Er reagiert auch, wenn Fremde ihn rufen, und er lächelt zurück, wenn man ihn anlächelt. Einen hohen Grad an Anpassungsbereitschaft zeigten vor allem die Schäfer- und Jagdhunde. Und es zeigte sich auch, dass man gerade diese Art von Intelligenz leicht fördern kann: bei Schäfer- und Jagdhunden durch die Ausbildung auf einem Hundeplatz, bei Nordischen und Rattlern durch privates Kunststückchenlernen, bei den Wind- und Lagerhunden aber nur in Maßen und nur durch den Schlafplatz im Haus.

2. VERSPIELTHEIT

Hunde mit einem hohen Wert auf der Skala „Verspieltheit" lösen ihre Probleme spontan und spielerisch nach dem Motto: „Lass mich mal machen." Unübersichtliche Tücher sind für sie kein Hinderungsgrund: Einhüllen lassen sie sich damit nicht, und wenn das Ding nicht so will, wie sie es wollen, wird's kurzerhand zerbissen.

Unerreichbares gibt es für sie nicht: Das Leckerli unterm Tischchen wird, falls man es nicht gleich erwischt, mit einem gezielten Schubs hervorgeholt, das hochgehaltene Spielzeug mit einem Sprung erbeutet. Sie kennen die Namen aller Rudelmitglieder und antworten schon auf die Namensnennung mit Vorfreude. Sie reagieren auf Fingerzeig und finden alles. Aber wenn sie

Für ein anpassungsfähigen Hund ist es eine kleine Herausforderung, aber kein Problem, wenn sein Stock hängen bleibt. (Foto: Ulrike Schanz)

zwischen zwei Angeboten wählen dürfen, dann wählen sie das größere.

Hohe Werte auf der Skala „Verspieltheit" erreichten vor allem die Nordischen und die Rattler, und diese Werte waren umso höher, je mehr sich ihre Menschen spielerisch mit ihnen beschäftigten.

3. Selbstständigkeit

Hunde mit einem hohen Wert auf der Skala „Selbstständigkeit" haben ein ausgezeichnetes Gedächtnis und eine gute Beobachtungsgabe. Alles Neue und Fremde erregt sofort ihre Aufmerksamkeit nach dem Motto: „Was macht der/die/das da?" Sie überprüfen auch den ungewohnten Handschuh ihres Menschen, ehe sie sich damit streicheln lassen. Sie erkennen mit einem Blick, ob man diese Burg lieber von hinten oder von vorne stürmt. Sie suchen und finden ihren versteckten Menschen planmäßig und schnell (falls sie das im Moment interessiert). Wo ihr Mensch ist und was der macht, das wissen sie sowieso: Sie erkennen an Wortmarken, worüber ihr Mensch spricht, sie erkennen an seinem Ausdrucksverhalten, was er jetzt vorhat.

Hohe Werte auf der Skala „Selbstständigkeit" erreichten vor allem die Wind- und Lagerhunde. Alle anderen Hunde nur dann, wenn der Halter davon ausging, einen besonders einfühlsamen Hund neben sich zu

Verspielte Hunde gehen spontan, direkt und mit viel Schwung auf ihr Ziel zu. (Foto: Ulrike Schanz)

halter davon überzeugt, dass sein Hund eher intelligent, einfühlsam und lernbereit sei, war der Hund ins Familienrudel eingebunden, beschäftigte man sich mit ihm vermehrt, schlief er im Haus, dann war sein Intelligenzwert im Schnitt höher, höher als bei den Hunden, von denen die Halter im Vorhinein sagten, sie seien sowieso „eher dumme Hunde". Das aber heißt: Die Intelligenz ist abhängig von der Einstellung des Erziehers.

Und deshalb: Lassen Sie ihm Zeit, loben und motivieren Sie ihn. Wenn Sie beide gut gelaunt den ganzen Test durchgemacht haben, dann wissen Sie zum Schluss, zu welchem Typ von Hund der ihre gehört. Dann könnten Sie ihn und seine Sicht der Welt besser verstehen. Dann können Sie seine Spezialfähigkeiten fördern, auf seine „Wissenlücken" gezielter eingehen. Dann hätten Sie, wenn Sie den Test ein Jahr später noch einmal machen, vielleicht wirklich einen superintelligenten Hund.

haben. Aber: Hohe Werte auf nur einer Skala sind nicht gleichbedeutend mit hoher Intelligenz überhaupt, denn: Intelligenz ist immer die Summe aus allen einzelnen Fähigkeiten. Das heißt: Wirklich intelligent ist nur der Hund, der von allem mindestens etwas kann, der Hund, der sich zur rechten Zeit am rechten Ort anpasst, spielerisch Lösungen sucht und findet und trotzdem immer die Übersicht behält.

Und: Die Intelligenz bei Hunden ist nicht abhängig von Alter, Geschlecht und Herkommen. Egal ob Rüde, Hündin, Junghund oder Hundegreis, egal ob Erst-, Zweit- oder Dritthund, ob als Welpe aus erster oder als erwachsener Hund aus zweiter Hand – diese Faktoren hatten auf die Intelligenz der Hunde keinen Einfluss. Einfluss hatte allerdings deutlich die Einstellung des Halters seinem Hund gegenüber: War der Hunde-

Einen versteckten Menschen zu finden ist für selbstständige Hunde keine große Herausforderung. (Foto: Ulrike Schanz)

Der Gießener Hunde-Intelligenz-Test (GiHIT)

Lesen Sie alle Aufgaben erst einmal in aller Ruhe durch und planen Sie ihre Durchführung. Wenn Sie – aus welchen Gründen auch immer – es nicht gut finden, Ihren Hund mit Leckerbissen zu motivieren, nehmen Sie ein Bällchen, ein Stöckchen, irgendetwas, was er gern hat und auch haben darf. Wenn Ihr Hund allerdings kein Lieblingsspielzeug hat, weil er „sowieso nie spielt", nehmen Sie einen Leckerbissen. Seien Sie aber nicht zu üppig mit den Leckerbissen: Ein voller Bauch studiert nicht gern. Reichen Sie ihm wirklich nur Appetithäppchen und ziehen Sie ihm jedes über das Übliche hinausgehende Mehr vom täglichen Fressen wieder ab.

Lassen Sie sich Zeit. Machen Sie aus dem Test ein über den Tag verteiltes Spiel, und loben Sie Ihren Hund auch dann, wenn er – Ihrer Meinung nach – etwas falsch macht. Und machen Sie, falls Sie mehrere Hunde im Haus haben, den Test mit jedem Hund einzeln. Sie wissen doch: Ohne den strengen Blick von Big-Boss traut sich Jungspund viel mehr.

Beginnen Sie mit Aufgabe Nr. 1 und sorgen Sie für eine gelassen-entspannte Stimmung. Aber stellen Sie jede Aufgabe nur ein einziges Mal und lassen Sie Ihrem Hund für jede Aufgabe auch nur eine Minute Zeit. Kreuzen Sie dann nur eine einzige Alternative an, diejenige, die dem Verhalten Ihres Hundes am ehesten entspricht, und übertragen Sie später in aller Ruhe alle Ergebnisse in die Ergebnisliste (siehe Auswertung).

TESTAUFGABEN

NR. 1:

Setzen Sie sich ganz ruhig an den Frühstückstisch und entschließen Sie sich dann, stumm und ohne den Hund anzusehen, jetzt und sofort mit ihm auszugehen.

A) Der Hund ist in dem Moment da, in dem Sie aufstehen

B) Der Hund kommt, wenn Sie zur Leine greifen

C) Er kommt, wenn Sie zur Haustür gehen

D) Er beobachtet Sie von seinem Platz aus ganz genau

E) Er reagiert überhaupt nicht

NR. 2:

Zeigen Sie Ihrem Hund einen Leckerbissen, legen Sie den deutlich sichtbar auf den Boden, decken Sie ihn mit einer Dose ab und fordern Sie den Hund auf, sich den Bissen zu holen.

A) Der Hund schubst sofort die Dose um und holt sich den Bissen

B) Er findet den Bissen erst, nachdem Sie die Dose noch einmal gelüftet haben

C) Er sucht nach einer Minute immer noch in Ihrer Hand und übersieht die Dose

D) Er hat nach einer Minute „Kampf" mit der Dose den Bissen immer noch nicht

E) Er legt sich und wartet

NR. 3:

Machen Sie, jetzt weiß er ja Bescheid, dasselbe wie in Item Nr. 2, aber werfen Sie diesmal ein Küchenhandtuch über den Leckerbissen.

A) Der Hund befreit den Leckerbissen sofort

B) Er kratzt und zerrt, hat den Bissen aber nach einer Minute nicht erreicht

C) Er legt sich, die Nase am Leckerbissen, und wartet

D) Er versucht, ein Loch in das Tuch zu beißen

E) Er hat kein Interesse

NR. 4:

Zeigen Sie dem Hund ein Tuch, das so groß ist, dass es Kopf und Schultern des Hundes bedeckt, und werfen Sie ihm das Tuch dann über Kopf und Schultern.

A) Das geht nicht, er entzieht sich mit einer schnellen Gegenbewegung

B) Er hat das Tuch im Nullkommanichts abgeschüttelt

C) Er geht und streift das Tuch an einem Möbelstück ab

D) Er ist es nach einer Minute immer noch nicht los

E) Er bleibt ruhig unter dem Tuch und wartet

NR. 5:

Bauen Sie aus Möbeln oder Kartons eine „Burg", die hinten offen ist und vorne nur einen Schlitz hat. Zeigen Sie dem Hund durch den Schlitz einen Leckerbissen und legen Sie den deutlich sichtbar, aber von vorne her nicht erreichbar, auf die Erde.

A) Der Hund umrundet das Hindernis sofort und holt sich den Bissen

B) Er kann sich nicht entscheiden, aber innerhalb von einer Minute hat er's

C) Er versucht es nach einer Minute immer noch von vorne

D) Er wartet

E) Er stürmt – ohne lange zu überlegen – die „Burg" von vorne durch den Schlitz

NR. 6:

Bauen Sie aus Büchern und Brettern ein Tischchen, das so niedrig ist, dass Ihr Hund nur mit der Pfote, nicht aber mit der Schnauze drunter langen kann, und legen Sie einen Leckerbissen darunter.

A) Der Hund angelt sich den Bissen zielsicher sofort mit der Pfote

B) Er versucht es auf beiden Seiten eine Minute lang vergeblich

C) Er klebt nach einer Minute immer noch erfolglos auf derselben Seite

D) Er schubst den Bissen mit der Pfote weg und holt ihn sich auf der anderen Seite

E) Er wartet

NR. 7:

Nehmen Sie den Hund an die Leine, zeigen Sie ihm sein Lieblingsspielzeug, lassen Sie das deutlich sichtbar fallen, gehen Sie mit dem Hund in ein anderes Zimmer, beschäftigen Sie ihn und kommen Sie nach fünf Minuten zurück.

A) Der Hund lässt sich nicht ablenken und bleibt vor der Tür liegen

B) Er lässt sich ablenken, holt es sich aber ganz gezielt bei der Rückkehr

C) Er sucht sich zwischendurch ein anderes Spielzeug

D) Er hat zwar den Verlust bemerkt, aber bei der Rückkehr vergessen

E) Er reagiert weder beim Weggehen noch bei der Rückkehr

NR. 8:

Verstecken Sie das Lieblingsspielzeug Ihres Hundes unter vier anderen Dingen. Stellen Sie sich zwei Schritte entfernt davon auf und zeigen Sie ihm diesen Haufen mit einem deutlichen Fingerzeig: „Da."

A) Der Hund guckt, erkennt aber Ihre Geste nicht und wartet

B) Er erkennt Ihre Geste sofort, findet den Haufen aber nicht interessant

C) Er findet den Haufen und greift sich das Erstbeste

D) Er greift sich sofort sein Lieblingsspielzeug

E) Er hat kein Interesse

NR. 9:

Legen Sie in Abwesenheit des Hundes vier Leckerbissen auf den Boden: drei zusammen auf einen Haufen, einen einzeln 30 Zentimeter entfernt. Stellen Sie sich zwei Schritte entfernt auf, rufen Sie den Hund und zeigen Sie ihm die Richtung: „Da."

A) Der Hund erkennt Ihre Geste nicht und wartet

B) Der Hund geht ohne zu zögern los und frisst alles

C) Er stutzt und geht dann zielstrebig zum größeren Haufen

D) Er stutzt und nimmt erst einmal den einzelnen Bissen

E) Er überprüft beide Haufen mit der Nase, ehe er frisst

NR. 10:

Verengen Sie einen Türdurchgang so, dass Sie gerade noch durchpassen. Geben Sie dem Hund einen Stock, der länger ist als der Türschlitz breit, und locken Sie den Hund hinter sich durch diesen Engpass.

A) Der Hund dreht den Kopf so, dass er Ihnen samt Stock folgen kann

B) Der Hund lässt den Stock fallen und folgt ohne

C) Er legt den Stock ab, folgt und zieht dann den Stock nach

D) Er lässt den Stock nicht fallen, kommt aber so nicht durch den Engpass

E) Er wartet, den Stock in der Schnauze, darauf, dass Sie den Engpass öffnen

NR. 11:

Stellen Sie in Abwesenheit des Hundes ein größeres Möbelstück um und zwei ganz neue Dinge mitten ins Zimmer. Holen Sie dann Ihren Hund.

A) Der Hund geht sofort von einem zum anderen und untersucht alles

B) Er bemerkt die nächstliegende Veränderung, übersieht aber die anderen

C) Er interessiert sich nur für die neuen Dinge, nicht für die Umstellung

D) Er bemerkt die Veränderungen erst nach 30 Sekunden

E) Er reagiert auch nach einer Minute überhaupt nicht

NR. 12:

Ziehen Sie sich heimlich einen dicken Handschuh über, den Sie üblicherweise nicht tragen, rufen Sie Ihren Hund und versuchen Sie, ihn stumm zu streicheln.

A) Der Hund zieht sich erschrocken zurück

B) Er läuft zur Tür und will Gassi gehen

C) Er beriecht den Handschuh ausführlich, aber auf Distanz

D) Er weicht kurz aus, lässt sich aber streicheln

E) Er übersieht den Handschuh und freut sich

NR. 13:

Sie tun ganz plötzlich so, als ob eine vom Hund heiß geliebte Person kommt, indem Sie laut und freudig ausrufen: „Achtung, der/die XY kommt!"

A) Der Hund reagiert nicht

B) Der Hund sieht Sie an und wartet darauf, dass Sie zur Tür gehen

C) Er rennt zielsicher zur Haustür

D) Er bellt aufgeregt in die Gegend

E) Er lauscht kurz und widmet sich wieder seiner vorherigen Beschäftigung

NR. 14:

Setzen Sie sich mit Freunden oder Familienmitgliedern zusammen und lassen Sie einen davon Ihren Hund laut mit Namen rufen.

A) Der Hund kommt zu dem, der gerufen hat

B) Der Hund kommt zu Ihnen

C) Er reagiert gar nicht

D) Er kommt, aber er weiß nicht zu wem

E) Er guckt und wartet auf Ihre Bestätigung

NR. 15:

Reden Sie mit einem Freund oder Familienmitglied und streuen Sie in dieses Gespräch mehrmals ganz deutlich und laut den Namen Ihres Hundes ein.

A) Der Hund reagiert nicht

B) Der Hund bellt und will „mitreden"

C) Er kommt sofort spielbereit herbei

D) Er hört interessiert von seinem Platz aus zu

E) Er wird unruhig und geht weg

NR. 16:

Hocken Sie sich vor Ihren Hund und halten Sie stumm ein Lieblingsspielzeug des Hundes so hoch, dass er es aus dem Stand gerade nicht erreichen kann.

A) Der Hund macht „Sitz" und wartet

B) Er führt Ihnen ein „Kunststück" vor

C) Er versucht, sich das Ding durch Hochspringen zu holen

D) Er zeigt kein Interesse

E) Er versucht, Sie umzurempeln

NR. 17:

Verstecken Sie sich hinter einer halb offenen Tür und rufen Sie Ihren Hund. Loben Sie ihn, tun Sie dann 15 Minuten lang etwas anderes. Verstecken Sie sich dann hinter einer anderen Tür. Rufen Sie ihn einmal und warten Sie eine halbe Minute.

A) Der Hund reagiert auf einmaliges Rufen nicht

B) Er sucht Sie ausführlich hinter der ersten Tür

C) Er sucht überall, aber nicht hinter der ersten Tür

D) Er läuft von der ersten Tür zielstrebig zur zweiten

E) Er findet Sie gleich und ohne Umwege

NR. 18:

Warten Sie, bis alles ruhig ist und Ihr Hund in zwei bis drei Meter Entfernung vor Ihnen liegt. Nehmen Sie Blickkontakt zu ihm auf und lächeln Sie ihn ganz deutlich an.

A) Der Hund kommt sofort zu Ihnen

B) Er sucht sich ein Spielzeug und kommt

C) Er steht auf und sucht sich einen anderen Platz

D) Er bleibt liegen und „lächelt" schwanzwedelnd zurück

E) Er wendet den Blick ab

AUSWERTUNG

Wenn Sie alle 18 Testaufgaben abgearbeitet haben, dann haben Sie für jede Testaufgabe die alternative Lösung (A, B, C, D oder E) angestrichen, die Sie für die passendste Beschreibung halten. Tragen Sie jetzt diese Lösungen in die Auswertungstabelle (Seite 73) ein nach folgendem Muster:

Schritt 1: Übertragen Sie die Ergebnisse (A, B, C, D oder E) jeder einzelnen Testaufgabe (1–18) in die passende Spalte L (Lösung) der Auswertungstabelle. Hat Ihr Hund zum Beispiel die Testaufgabe Nr. 1 mit der Alternative C gelöst, tragen Sie in die Zeile Nr. 1 in der Spalte L ein C ein, dann die Lösung von Aufgabe Nr. 2, Nr. 3 und so weiter bis Aufgabe Nr. 18.

Schritt 2: Ermitteln Sie jetzt die Punktwerte, die sich für die Lösung pro Aufgabe ergeben, und tragen Sie diese am Ende der Zeile in das Kästchen A., V. oder S. ein: Für die Lösung Nr. 1 C bekäme Ihr Hund zwei Punkte in der Spalte S., für die Lösung Nr. 2 B bekäme er vier Punkte in der Spalte A. und so weiter.

Schritt 3: Zählen Sie die Punktwerte in jeder einzelnen Spalte (A., V. oder S.) zusammen und tragen Sie diese Summe in der vorletzten Zeile „Summe der Spalten" passend ein.

Schritt 4: Bilden Sie die Gesamtsumme aus den drei Einzelsummen A. + V. + S. (Anpassungsfähigkeit + Verspieltheit + Selbstständigkeit) und tragen Sie diese Summe in die letzte Zeile ein.

Schritt 5: Ermitteln Sie jetzt die Intelligenz Ihres Hundes auf den Einzelskalen A. (Anpassungsfähigkeit), V. (Verspieltheit), S. (Selbstständigkeit) nach folgender Tabelle:

Punkte	Bewertung
über 28	sehr gut
26–28	gut
23–25	befriedigend
20–22	ausreichend
17–19	mangelhaft
unter 17	ungenügend

Anpassungsfähigkeit: _24_
Verspieltheit: _24_
Selbstständigkeit: _21_

Schritt 6: Ermitteln Sie die Gesamtintelligenz nach folgender Tabelle:

Punkte	Bewertung
über 78	sehr gut
74–78	gut
69–73	befriedigend
63–68	ausreichend
56–62	mangelhaft
unter 56	ungenügend

Gesamtintelligenz: _76_

Jetzt wissen Sie nicht nur, welche ganz persönlichen Vorzüge (und Nachteile) Ihr Hund hat und worauf Sie sich bei ihm am besten verlassen können. Jetzt wissen Sie auch, wie intelligent er im Vergleich zu anderen Hunden ist. Und das heißt: Jetzt können Sie ihn und seine Fähigkeiten einschätzen und fördern.

Aber vergessen Sie nicht: Intelligenz ist nicht alles auf der Welt, was zählt. Und: Wirklich intelligent kann immer nur der sein, dem man nicht nur erlaubt, seine Fähigkeiten einzubringen, sondern der, dem man auch (gerade deshalb) seine Schwächen nicht übel nimmt.

DIE GÜTEKRITERIEN DES GIHIT

Birgit Gottwald und Dieter Beckmann

EINLEITUNG

Mit dieser Arbeit wird der international erste Versuch dargestellt, die Intelligenz von Hunden zu messen.

Der Ansatz wurde von Coren (1997) übernommen, der zwölf Testaufgaben publiziert hat, jedoch ohne Itemanalyse, Skalierung und Normierung.

Der Körperbau und das Verhalten von Hunden zeigt eine große Variabilität, die clusteranalytisch geordnet sechs Typen ergibt (Beckmann 1990, 1999).

Entsprechend dieser Mannigfaltigkeit muss angenommen werden, dass die Intelligenzanlagen bei Hunden vieldimensioniert sind.

Dazu kommen die Bedingungen der Haltung, Pflege und Ausbildung. Entsprechend dieser Annahmen muss davon ausgegangen werden, dass sich nur ein heterogener Test für die Messung eignet.

Ein grundsätzliches Problem ergibt sich bei der Objektivität. Da ein Hund immer nur durch seinen Halter zu testen ist, geht dessen Verhalten in die Lösung der Testaufgaben mit ein.

AUSWERTUNGSTABELLE

Nr.	L	Punktwerte	A.	V.	S.
1	___	A = 5, D = 4, B = 3, C = 2, E = 1	___		
2	___	A = 5, B = 4, E = 3, D = 2, C = 1	___		
3	___	A = 5, D = 4, C = 3, E = 2, B = 1		___	
4	___	B = 5, A = 4, C = 3, E = 2, D = 1		___	
5	___	A = 5, E = 4, B = 3, C = 2, D = 1			___
6	___	D = 5, A = 4, B = 3, E = 2, C = 1		___	
7	___	B = 5, C = 4, A = 3, D = 2, E = 1	___		
8	___	D = 5, C = 4, B = 3, E = 2, A = 1	___		
9	___	C = 5, E = 4, D = 3, B = 2, A = 1		___	
10	___	A = 5, C = 4, E = 3, B = 2, D = 1	___		
11	___	A = 5, C = 4, B = 3, D = 2, E = 1			___
12	___	C = 5, D = 4, A = 3, E = 2, B = 1			___
13	___	C = 5, D = 4, E = 3, B = 2, A = 1		___	
14	___	D = 5, A = 4, E = 3, B = 2, C = 1	___		
15	___	C = 5, D = 4, B = 3, E = 2, A = 1			___
16	___	C = 5, B = 4, E = 3, A = 2, D = 1		___	
17	___	D = 5, A = 4, E = 3, B = 2, C = 1			___
18	___	D = 5, A = 4, B = 3, E = 2, C = 1	___		

Summe der Spalten   A.:___   V.:___   S.:___

Gesamtsumme: A. + V. + S.   ___

STICHPROBE

Über eine Hundezeitschrift wurden N = 364 Tests erhoben, was einer Gelegenheitsstichprobe interessierter Hundehalter entspricht. Im Mittel wurde der Test als lustig und unterhaltsam erlebt. 364 Tests waren vollständig ausgefüllt. Bei den Zusatzfragen gab es nur bei der Angabe des Alters mit N = 344 erwähnenswerte Ausfälle. Zehn Tests konnten wegen lückenhafter Daten nicht in die Stichprobe aufgenommen werden.

Neun Prozent der Hunde waren ein Jahr oder jünger, 56 Prozent ein bis vier Jahre und 34 Prozent über vier Jahre alt. 51,5 Prozent waren Rüden und 48,5 Prozent Hündinnen. Als Welpe wurden 75 Prozent, als Junghund zwölf Prozent und als erwachsener Hund 13 Prozent angeschafft. 54 Prozent hatten keine Hundeplatzausbildung, 23 Prozent Begleithund-, 15 Prozent Agility- und acht Prozent Gebrauchshundausbildung. 54 Prozent haben ihren Schlafplatz im Schlafzimmer, 38 Prozent in der Wohnung und sieben Prozent im Zwinger. 72 Prozent der Befragten hielten einen Hund, 19 Prozent zwei und neun Prozent mehr als zwei.

Da Vergleichsdaten bisher nicht publiziert wurden, kann zur Repräsentativität der Stichproben keine Angabe gemacht werden.

SKALIERUNG

Von Coren (1997) wurden acht Items übernommen (vergleiche Tabelle 1). Zehn weitere wurden neu konstruiert, da Coren unserer Auffassung nach zu einseitig die Leistungsfähigkeit bei der Hundeausbildung betont. Mehr als die Hälfte der Hunde unserer Stichprobe aber hat keine Ausbildung.

Zunächst wurden über die Gesamtstichprobe die Trennschärfen der Items in einem iterativen Verfahren ermittelt. Ein interpretierbares Ergebnis brachte diese Voranalyse nicht. Faktorenanalytisch handelt es sich um einen heterogenen Test. Eigenwerte über 1 erreichten sieben Faktoren, die eine Gesamtvarianz von 54 % ausschöpften. Die Skalierung der acht trennschärfsten Items ergab eine Skala mit einer internen Konsistenz von Cronbach-Alpha = .59, die im Wesentlichen nur die Anpassungsfähigkeit der Hunde erfasste.

Auch unter Berücksichtigung der durchgeführten Faktorenanalyse entstand vielmehr der Eindruck, dass ein multifaktorieller Ansatz mehr Konsistenzen bringen würde.

Bei Berücksichtigung der Stichprobengröße wurden die Hunde nach den Kriterien von Beckmann (1999) in Teilstichproben unterteilt:

Schäferhunde und Jagdhunde   N = 189
Rattler und nordische Hunde   N = 111
Lagerhunde und Windhunde   N = 62

Pro Item der Skalen wurde für jeden der fünf Distraktoren der Trennschärfenindex ermittelt. Der höchste Index erhielt den Punktwert 5, der zweithöchste den Punktwert 4 und so weiter, wobei die Punktwerte 2 und 1 in der Regel erwartungsgemäß negative Trennschärfenindizes aufwiesen. Diese Verteilung der Punktwerte wurde an den Teilstichproben ermittelt, da sie über die drei Gruppen nicht homogen waren.

Anschließend wurden die Punktwerte kritisch überarbeitet, um zufallsbedingte Fehler auszuschließen. Insofern ergaben sich bei der Verteilung der Punktwerte einige notwendige Korrekturen. Die Tabelle 1 enthält die endgültigen Werte nach der Überarbeitung durch Expertenurteile.

Aus Tabelle 1 gehen die Kennwerte der Items und Skalen hervor. Die höchste Trennschärfe erreicht zum Beispiel das Item Nr. 7 bei der Skala A. (verlorenes Spielzeug suchen). Über die mittlere Trennschärfe (zum Beispiel Skala A. = .46) wurde nach Spearman-Brown die Reliabilität der Skalen geschätzt (zum Beispiel Skala A. = .84). Die Retest-Reliabilität wurde an einer gesonderten Stichprobe von N = 12 ermittelt. Sie beträgt .87 für den Gesamt-IQ. Der Testabstand betrug drei Wochen. Wie schon aus den Faktorenanalysen zu erwarten war, sind die internen Konsistenzen sehr niedrig, was die Heterogenität der Skalen unterstreicht. Die Items enthalten vorwiegend spezifische Varianzen.

Tabelle 2 enthält die Normwerte sowie Vergleichswerte. Die Interkorrelation der Skalen ist gering. Erwartungsgemäß korrelieren alle drei Skalen mit dem IQ-Wert, mit der Skala A. jedoch am höchsten (.75).

Mittelwerte und Streuungen der drei Skalen stimmen gut überein. Bei den Vergleichswerten ergibt sich, dass die drei Hundetypen sich nur bei Skala V. signifikant unterscheiden. Die Schäferhunde und Jagdhunde sind verspielter. Dieser Effekt kann aus der vermehrten Hundeplatzausbildung dieser Hunde erklärt werden. Anpassungsbereiter sind diese Hunde im Mittel jedoch nicht. Durch den Effekt der Skala V. erreichen Schäferhunde und Jagdhunde einen signifikant höheren IQ-Wert.

EXTERNE VALIDITÄT

Von Alter, Geschlecht, Adoptionsalter, Geburtstag, Hundezahl, Einstellung zum Test, Eigenwilligkeit, Denkvermögen (vergleiche Anhang) sind die Skalen unabhängig. Tabelle 3 zeigt die externe Validität der drei Skalen. Der IQ-Wert ist hoch, wenn der Hund als intelligent erlebt wird, wenn er Kunststücke kann, einfühlsam ist und Rudelmitglieder meldet. Mit intelligenten Hunden beschäftigen sich die Halter pro Tag mehr als zwei Stunden.

Die Skala Anpassungsbereitschaft korreliert hoch signifikant mit der Hundeplatzausbildung, jedoch nur bei Schäferhunden und Jagdhunden. Bei den Rattlern und nordischen Hunden ist die Geschicklichkeit besonders deutlich mit dem Lernen von Kunststücken verbunden.

Die Skala Verspieltheit zeigt den ausgeprägtesten Zusammenhang bei den Rattlern und nordischen Hunden mit dem Interesse, Kunststücke zu lernen.

Die Skala Selbstständigkeit zeigt hoch signifikante Korrelationen bei den Schäferhunden und Jagdhunden mit der Bewertung, einen intelligenten und einfühlsamen Hund zu haben, mit dem der Halter pro Tag sich mehr als zwei Stunden beschäftigt.

Frei in der Wildbahn überleben würden nach Meinung der Halter Schäferhunde und Jagdhunde sowie Lagerhunde und Windhunde, die einen hohen Wert in der Skala Selbstständigkeit erreichen.

Unter dem Aspekt der drei Hundetypen ist auffallend, dass bei Schäferhunden und Jagdhunden die Skala Selbstständigkeit sechs signifikante Zusammenhänge mit den Außenkriterien aufweist. Offenbar sind diese Hunde sehr viel abhängiger in ihrer Intelligenzentwicklung von dem Ausmaß der Beschäftigung durch den Halter als die anderen beiden Typen von Hunden.

DISKUSSION

Bei Tests interessieren primär die Standardisierung und die Gütekriterien. Bei der Standardisierung ist bisher ungelöst, welche Merkmale eine repräsentative Stichprobe kennzeichnen, zumal die Hundepopulationen sich von Land zu Land erheblich unterscheiden. Beim GiHIT wäre die Verteilung der Skalen zu verbessern. Sie sind insgesamt rechtsschief, weil allzu häufig die Bestlösung auch die häufigste ist. Bei den Bewertungen „sehr gut" bis „ungenügend" wurde die relative Abweichung von einer Normalverteilung berücksichtigt. Bei der Objektivität könnte man den Effekt, dass der Halter in der Regel auch der Testleiter ist, ermitteln, wenn man je zwei Halter von je zwei Hunden kreuzweise den Test durchführen ließe und vergleichen würde.

Die Reliabilität könnte man durch Revision der Items mit niedriger Trennschärfe verbessern (vergleiche Tabelle1). Bei der Validität der Subskalen kombinieren sich linear (eventuell auch nichtlinear) sechs Faktoren: R + Vg + Mg + Ms + Z + K. Der Faktor K (Käufer des Hundes) lässt sich kontrollieren, wenn man Geschwister aus dem einem Wurf vergleicht, die in der Regel von verschiedenen Käufern erworben werden. Der Käufer nimmt im Allgemeinen auf die sekundäre Sozialisation der Hunde einen wesentlichen Einfluss (vergleiche Tabelle 3).

Der Faktor Z (Züchter) lässt sich kontrollieren, indem man Würfe vergleicht, bei denen die Welpen ab Geburt nur von der Mutter oder auch vom Züchter betreut werden. Der Züchter nimmt wesentlichen Einfluss auf die primäre Sozialisation der Welpen, wodurch die Welpen auf eine mitmenschliche Umwelt „geprägt" werden können oder nicht.

Der Faktor Ms (soziale Mutter) ließe sich ermitteln, wenn man ab Geburt die Hälfte des Wurfes der Mutter belässt, die andere

TABELLE 1: KENNWERTE

Item	I	II					III	IV	V
		A	B	C	D	E			
2	+	.70	.04	.01	.02	.12	.40		
7	+	.05	.65	.06	.11	.14	.70		
8		.04	.13	.15	.66	.02	.55		
10		.30	.48	.14	.01	.07	.56		
14		.67	.08	.02	.04	.16	.29		
18	+	.32	.14	.01	.46	.07	.26		
Skala A.							.46	.33	.84
3	+	.68	.12	.08	.10	.02	.53		
4	+	.12	.69	.05	.01	.13	.41		
6		.50	.10	.03	.23	.14	.50		
9		.02	.61	.17	.03	.17	.50		
13		.01	.18	.45	.18	.16	.44		
16		.30	.15	.50	.03	.03	.20		
Skala V.							.43	.14	.82
1	+	.32	.37	.08	.21	.01	.48		
5	+	.57	.15	.02	.05	.21	.54		
11	+	.44	.08	.36	.00	.11	.56		
12		.07	.05	.16	.26	.46	.33		
15		.08	.03	.20	.67	.02	.43		
17		.10	.08	.05	.20	.57	.29		
Skala S.							.44	.15	.83
IQ-Skala (= A. + V. + S.)							.44	.21	.93

I nach Coren (1997), II Schwierigkeit, III Trennschärfe, IV Cronbach-Alpha, V Spearman-Brown

aber einer Amme übergibt. Bei der Ammen-aufzucht wirkt sich nur der Effekt der sozialen Mutter aus, das heißt die Art des Umgangs mit den Welpen.

Der Faktor Mg (genetische Mutter) lässt sich kontrollieren, wenn man bei N Deckrüden (zum Beispiel 30) deren Intelligenz mit einer Zufallsauswahl ihrer Kinder korreliert. Gleichzeitig kann hierdurch der Faktor Vg (genetischer Vater) erfasst werden. Der Effekt der Rasse (R) auf die Subskalen ließe sich ermitteln, wenn reinrassige Zuchtlinien vergleichend über mehrere Rassen untersucht werden.

Topal et al. (1997) kamen über Verhaltensbeobachtungen ganz unabhängig von unseren Analysen auf dieselben Grunddimensionen der Intelligenz von Hunden: „social dependence", „playing", „exploration". Zu prüfen wäre, ob beide Methoden der Intelligenzmessung korrelieren. Die Validität der drei Intelligenzdimensionen wäre dann gesichert.

Interpretativ wurden die drei Skalen folgendermaßen benannt:

A. = Anpassungbereitschaft
V. = Verspieltheit
S. = Selbstständigkeit
A. + V. + S. = IQ

Die Summe über die drei Skalen wurde als IQ-Wert definiert.

TABELLE 2: NORMWERTE

Mittelwerte und Streuungen:

Skala	N	M	s
A.	189	23,9	3,24
V.	111	22,1	3,06
S.	62	22,3	2,93
IQ	364	69,2	6,42

Folgende Extremwerte kamen vor (N = 364):

A.-IQ: 13 (0,3 %), 30 (0,3 %)
V.-IQ: 12 (0,3 %), 29 (0,8 %)
S.-IQ: 13 (0,3 %), 30 (0,3 %)
IQ:　46 (0,3 %), 82 (0,5 %)

Korrelationen:

	A.	V.	S.	IQ
A.		.23	.30	.75
V.			.15	.64
S.				.69

VERGLEICHSWERTE

Gruppe	I		II		III		p (-Test)
Skala	M	s	M	s	M	s	
A.	23,9	3,24	23,2	3,19	23,6	3,46	.29
V.	23,1	2,72	22,1	3,06	22,3	3,17	.02
S.	23,0	3,05	22,8	3,00	22,3	2,93	.17
IQ	70,0	5,98	68,2	6,68	68,2	6,95	.03

TABELLE 3: EXTERNE VALIDITÄT
(P < ALS T- UND F-TEST)

IQ-Wert/alle Rassen (N = 364):

7. Kunststücke lernen	.001
9. intelligenter Hund	.001
10 einfühlsamer Hund	.001
8. Rudelmitglied	.01
15. Beschäftigung	.01

	Schäfer-, Jagdhund (N = 189)	Rattler, Nord. Hund (N = 111)	Lager-, Windhund (N = 62)
Anpassungsbereitschaft			
7. Kunststücke lernen	.01	.001	.05
9. intelligenter Hund	–	.01	.05
10 einfühlsamer Hund	.05	–	.05
2. Ausbildung	**.001**	–	–
3. Schlafplatz im Haus	–	–	.05
11. Distanz bei Ärger	–	.05	–
Verspieltheit			
7. Kunststücke lernen	-	.001	-
9. intelligenter Hund	.05	-	-
10. einfühlsamer Hund	-	0.1	.05
Selbstständigkeit			
7. Kunststücke lernen	.05	–	–
9. intelligenter Hund	.001	–	–
10. einfühlsamer Hund	.001	.001	–
15 Beschäftigung	.001	–	–
8. Rudelmitglied	.05	–	–
14. bei Besuch Freude	–	–	.05
16. wild überleben	.05	–	.05

ANHANG

Originale Testanleitung

Schreiben Sie zunächst einmal bitte möglichst genau auf, was für einen Hund Sie haben: einen Beagle, einen Dackel-Schnauzer, einen Schäferhund-Mix und so weiter, samt Alter und Geschlecht. Streichen Sie dann im Fragebogen – spontan und ohne lange zu überlegen – die Antworten an, die aus Ihrer Sicht am ehesten zutreffen. Und machen Sie sich dann an den Test. Nehmen Sie sich Zeit, machen Sie ein Spiel daraus und loben Sie Ihren Hund auch, wenn er – Ihrer Meinung nach – etwas falsch macht. Stellen Sie aber jede Aufgabe nur ein einziges Mal, und lassen Sie ihm für jede Aufgabe nur höchstens eine Minute Zeit. Kreuzen Sie dann nur eine Alternative an, diejenige, die dem Verhalten Ihres Hundes am besten entspricht, und übertragen Sie später alle Ergebnisse in die Ergebnisliste.

Halterbefragung:

Mein Hund ist ein/e
(Rasse oder Mischling aus folgenden Rassen):
Alter: **Rüde oder Hündin:**

Fragebogen: *(Zutreffendes bitte unterstreichen)*
Mein Hund kam zu mir: als Welpe (bis zu vier Monaten) – als Junghund (bis zu einem Jahr) – als Ausgewachsener (älter als ein Jahr)
Er hat eine Hundeplatzausbildung: Nein – Begleithund, Agility o. Ä. – Gebrauchshundeausbildung
Er schläft: im Schlafzimmer – in der Wohnung – außerhalb der Wohnung
Ich feiere den Geburtstag meines Hundes: immer – den weiß ich nicht – nie
In meinem Haushalt leben wie viele Hunde? einer – zwei – mehr als zwei
Einen Intelligenztest bei Hunden zu machen finde ich eher langweilig:　Ja/Nein
Mein Hund lernt gerne Kunststückchen:　Ja/Nein
Er weiß immer, wann ein „Rudelmitglied" nach Hause kommt:　Ja/Nein
Er ist, gemessen an anderen, ein ausgesprochen intelligenter Hund:　Ja/Nein
Er merkt viel schneller als ich, ob uns jemand mag oder nicht:　Ja/Nein
Wenn ich verärgert bin, geht mein Hund zu mir auf Distanz:　Ja/Nein
Mein Hund ist eher eigenwillig:　Ja/Nein
Ich bin ganz sicher, dass Hunde genauso wie Menschen denken können:　Ja/Nein
Mein Hund freut sich über jeden Besuch:　Ja/Nein
Ich beschäftige ihn pro Tag mehr als zwei Stunden ganz aktiv:　Ja/Nein
Er würde zur Not auch ohne mich in freier Wildbahn überleben:　Ja/Nein
Ich bin bereit, diesen Test in vier Wochen noch einmal zu machen
und Ihnen die Ergebnisse dieser Testwiederholung zuzuschicken:　Ja/Nein

Literatur

Arzt, Volker/Birmelin, Immanuel (1993): *Haben Tiere ein Bewußtsein*. München

Beckmann, Dieter (1984): *Grundlagen der Medizinischen Psychologie*. Göttingen

Beckmann, Gudrun (1999): *Welcher Hund paßt zu mir?* Lüneburg

Beckmann, Gudrun/Beckmann, Susanne (1994): *Vom aufrechten Menschen zum Hundehalter*. Gießen

Coren, Stanley (1994): *Die Intelligenz der Hunde*. Reinbek

Eibl-Eibesfeldt, Irenäus (1969): *Grundriß der vergleichenden Verhaltensforschung*. München

Feddersen-Petersen, Dorit (1986): *Hundepsychologie*. Stuttgart

Fleischer, M. (1987): *Hund und Mensch*. Eine semiotische Analyse ihrer Kommunikation. Tübingen

Gnadeberg, Wolfgang (1962): *Erlebnisse mit Hunden*. In: Z. f. Tierpsychologie 19, 586–596

Griffin, Donald R. (1991): *Wie Tiere denken*. München

Hare, Brian/Tomasello, Michael (1999): *Domestic Dogs (Canis familiaris) Use Human and Conspecific Social Cues to Locate Hidden Food*. In: J.of Comparative Psychology, Vol. 113, No. 2, 173–177

Hemmer, Helmut (1983): *Domestikation. Verarmung der Merkwelt*. Braunschweig, Wiesbaden

Herre, Wolf/Röhrs, Manfred (1973): *Haustiere – zoologisch gesehen*. Stuttgart

Immelmann, Klaus (1982): *Wörterbuch der Verhaltensforschung*. Berlin, Hamburg

Kaminski, Juliane (2001): *Weiß er, was wir sehen können*. In: Der Hund 5, 34–35

Klatt, Berthold (1948): *Haustier und Mensch*. Hamburg

Kolb, Bryan/Wishaw, Ian Q. (1993): *Neuropsychologie*. Heidelberg, Berlin, Oxford

Michell, John/Rickard, Robert J.M. (1983): *Das rechnende Pferd von Elberfeld*. Düsseldorf, Wien

Möricke/Betz/Morgenthaler (1989): *Biologie des Menschen*. Heidelberg, Wiesbaden

Rehkämper, Gerd (1986): *Nervensysteme im Tierreich: Bau, Funktion und Entwicklung*. Basel, Boston, Stuttgart

Schauenburg, Gundula/Scheurmann, Elke (1962): *Versuche über das Erkennen von Bildern durch Hunde*. In: Z. f. Tierspsychologie, Bd. 19, 723–727

Schenkel, Rudolf (1947): *Ausdrucksstudien an Wölfen*. In: Behaviour 1, 81–129

Scott, John P./Fuller, John L. (1965): *Genetics and the Social Behavior of the Dog*. Chicago, London

Simons, D. (1984): *Problemverständnis und Problemlöseverhalten bei Primaten*. Göttingen, Toronto, Zürich

Sommer, Volker (1994): *Lob der Lüge*. München

Topal, J./Miklosi, A./Csanyi, V. (1997): *Dog-Human Relationship Affects Problem Solving Behavior in The Dog*. In: Anthrozoös, 10 (4), 214–224

Wickler, Wolfgang (1971): *Die Biologie der Zehn Gebote*. München

Zimen, Erik (1988): *Der Hund*. München